MARCO POLO

MÜNCHEN

FÜR MÜNCHNER

BESTE STADT DER WELT!

Food und Feiertipps für alle Lebenslagen

2019

mit Insider Tipps

Inhalt

Ausgehen, Essen, Feiern für Münchner

ALLTAGSHELDEN VON MONTAG BIS FREITAG

WOCHENENDE – FEIERALARM!

WOCHENENDE – GANZ GEDIEGEN

UNTERWEGS MIT …

FÜR WELCHEN HUNGER DARF'S WAS SEIN?

MEHR ALS NUR ESSEN!

€€€ Exklusive Adresse (goldene Kreditkarte mitnehmen!)

MÜNCHNER
REINHEITSGEBOT
30. November Anno Domini 1487
Albrecht IV. Herzog von Bayern

ALLTAGSHELDEN VON MONTAG BIS FREITAG

FRÜH-STÜCK

... bitte einpacken, das Büro wartet nicht

SUPER-HELDEN-NAHRUNG

Was dem einen sein Kaffee früh am Morgen ist, das ist dem anderen sein Super Food Breakfast. Ob der Green Smoothie ›Hulk‹ – Reismilch, Agavendicksaft, Avocado, Banane, Spinat, Trauben, Chia-Samen und Salz – oder ein schlichter ›Superdanke‹ – Wasser, Spinat, Grünkohl, Mango, Ananas, Banane – beide sind seeehr gesund und voll im Ernährungstrend.

➜ SUPER DANKE

Isarvorstadt | www.superdanke.com | Mo–Fr 8–18, Sa 10–18, So 10–17 Uhr | Fraunhoferstr. 32 | Tel. 089 18 90 42 46

KÖRNDLFUTTER OHNE ENDE

Oh, ihr Müsli-Fans, kommet alle zusammen und wisset, hier im Herzen der Stadt wartet das Paradies auf euch. Selbst nach sechs Tagen morgendlichem Körnerfutter wird einem nicht langweilig, kein Wunder, bei 566 Billiarden Müsli-Variationen. Und für sonntags gibt es den Körner-Mix auch für zuhause. Es hat schon was, mit Blick zum Alten Peter zu frühstücken. Und wer zu busy ist, lässt sich alles für Büro einpacken.

➜ MYMÜSLI

Altstadt-Lehel | www.mymuesli.com | Mo–Sa 8.30–19 Uhr | Viktualienmarkt 7 | Tel. 089 24 26 88 86

MORGENDLICHER KURZURLAUB

Wer morgens, noch weit vor dem ersten Kaffee, einen kleinen Urlaubskick benötigt, der kommt nicht umhin ins Tal zu pilgern. Im Riva kann man sie noch einatmen, die klassische italienische Espresso-Bar-Atmosphäre. Zum Cappu wird natürlich ein *cornetto* (gefülltes Hörnchen) gereicht. Die etwas herzhafterer Variante, der Schinken-Käse-Toast, ist auch nicht zu verachten. Ja, dann fühlt es sich fast an wie in Florenz oder Mailand. Nur blöd, das draußen der Münchner Verkehr vorbeirollt.

➜ RIVA

Altstadt-Lehel | www.riva-tal.de | Mo–Sa 8–1, So 12–1 Uhr | Tal 44 | Tel. 089 24 23 19 74

TRÄUME WERDEN WAHR

Dieser kleine Kaffee-Hotspot, ins Leben gerufen von Krissi und Natalie, die sich damit einen Traum erfüllten, spiegelt ein Stück Haidhauser Lebenskultur wieder. Da sitzt der Gast schon einmal ganz unkonventionell auf einer gut gepolsterten Obstkiste, während er seinen Espresso genießt. Regionalität steht an erster Stelle, wenn's um die Kulinarik geht, und dazu zählt ebenso der Kaffee. Deshalb kommt dieser auch von der kleinen Münchner Rösterei emilo.

➜ KAFFEEKÜCHE

Haidhausen | www.kaffeekueche.net | Di–Fr 7–20, Sa/So 9–18 Uhr | Weißenburgerstr. 6 | Tel. 089 46 13 98 47

Guten Morgen!

Es duftet lecker aus der Kaffeeküche

ELEFANTENBOHNEN ZUM DURCHSTARTEN

Mmmh …, was gibt es Herzhafteres als ein hausgemachtes Butterbrot? Die Kruste schön resch und der Natursauerteig zugleich voller Geschmack. Und das alles ganz ohne Hefe. Die Krönung dazu sind die eigens kreierten Aran-Aufstriche wie Salsa oder Wild Curry. Dazu noch ein Schlückchen vom magenschonenden Aran No. 1, der zu 100 Prozent aus der Maragoype-Bohne (Nicaragua) besteht. Dank ihrer Größe auch als Elefantenbohne bekannt.

➔ ARAN FÜNF HÖFE

Altstadt-Lehel | www.aran.coop | Mo–Sa 9–20 Uhr | Theatinerstr. 12 | Tel. 089 25 54 69 82

GANZ NACKERT, NUR MIT EINEM HAUCH ZUCKER

Einfach nur köstlich, so eine frische »Auszogene« am Morgen. Der Franzose hat sein Croissant, der Bayer seine ausgebackenen Hefeschmankerl. Dazu zählt auch die Rohrnudel. Mit oder ohne Füllung. Beides lässt sich zudem bestens in den Kaffee tunken. Tag, du kannst uns nicht schrecken, – in der offenen Backstube der »Schmalznudel« (so der Volksmund), mit all den Schmankerln, lässt sich reichlich Power tanken.

➔ CAFÉ FRISCHHUT

Altstadt-Lehel | Mo–Sa 8–18 Uhr | Prälat-Zistel-Str. 8 | Tel. 089 26 02 31 56

Fifties Feeling

Zeitreise schon zur Mittagsstunde im Café Cord

MITTAGS-TISCH

Arbeit lassen, Essen fassen

VIVA MÉXICO

Na, was darf's sein? Ein Burrito, eine Quesadilla oder doch die Tacos? Wer zur Mittagszeit gerne einen kulinarischen Abstecher gen Mittelamerika unternimmt, der kommt an den Condesa-Weizentortillas einfach nicht vorbei. Von feurig explosiv bis zur milden Chili-Schärfe reicht hier die Scoville-Skala. Besonders delikat als Füllung ist der ›Schweinebraten à la Mexicana‹. Freunde der fleischlosen Kost, nehmt den ›Chihuahua‹! Die Mischung aus Bohnen und Jalapenos sättigt reichlich.

➔ CONDESA

Schwabing-Freimann | **www.condesa-gourmet-tacos.de | Mo–Fr 11–22, Sa 12–22, So 12–21 Uhr | Münchner Freiheit 6 | Tel. 0176 20 22 71 36**

MITTAGSPAUSE UNTER STUDIS UND HIPSTERN

Heinrich ist der Spitzname vom Vater des Betreibers, der als TU-Prof eine Vorlesung mit dem Titel »Geography Matters« hielt. Eine Hommage also. Die Bestuhlung erinnert etwas an harte Uni-Zeiten. Dafür liegen in den Fensternischen Kissen zum Hinfläzen. Studentenfutter gibt's in der modernen Zeitgeist-Version, also alles bio und gesund. Ramen-Bowl, Salate, Pasta – was Herz und Magen begehren.

➔ HEINRICH MATTERS

Maxvorstadt | **www.heinrich-matters.de | Di–Sa 9–24, So 9–1 Uhr | Luisenstr. 47 | Tel 089 23 79 66 73**

SUNSHINE FOOD CLUBBING

Wenn die ersten Sonnenstrahlen über die Häuser blitzen und die Terrassensaison eröffnet wird, herrscht zum Lunch stets großer Trubel. Die Küche leicht, kreativ und sehr bekömmlich, lässt sich so mit noch einem strahlenderen Lächeln genießen. Bei Schlechtwetter speist man in der Sonnenstraße im Club-Ambiente, was einem mittags schon die Stunden bis zum Feierabend versüßt.

➔ CAFÉ CORD

Altstadt-Lehel | **www.cafe-cord.tv | Mo–Do 11–1, Fr/Sa 11–2, So 10–23 Uhr | Sonnenstr. 19 | Tel. 089 54 54 07 80**

ESSEN AUF RÄDERN

Vorneweg: Gegen Berlin kann München in Sachen Foodtrucks zahlenmäßig nicht anstinken. In der bayerischen Metropole sind nur etwa 30 *on the road.* Dazu zählen der OX Grill genauso wie Vogl Wild und Curry O City. Am einfachsten lädt man sich die kostenfreie Foodtrucks-App herunter, gibt die Postleitzahl ein und schon poppen die Standplätze auf. Tipp: Um seinen Lieblings-Foodtrucker zu finden, empfiehlt es sich vorab einen der zahlreichen Foodtruck-Markets zu besuchen.

➔ **FOODTRUCKS**

Verschiedene Stadtviertel | **www.foodtrucks-deutschland.de**

HOHE ZIELE

Im geschäftigen Epizentrum des Arabellaparks hat es sich Meister Kim mit seinem Pan-Asia-Restaurant gemütlich gemacht. Der Sushi-Experte hat hohe Ziele, will er doch Münchens uneingeschränkte Nr. 1 werden. Bei der Vielzahl an Top-Sushi-Tempeln nicht ganz einfach. Doch dank der zivilen Preispolitik kann sich jeder den hochwertigen Business-Lunch leisten, da kostet die feurig-knusprige Curry-Ente nur humane 10,50 Euro. Abends sieht das dann schon etwas anders aus …

➔ **KIM SANG**

Bogenhausen | **www.kimsang.de | Mo–Fr 11.30–14.30, 17.30–23, Sa/So 17.30–23 Uhr | Rosenkavalierplatz 15 | Tel. 089 99 53 69 96**

SO GEHT NUDEL AUCH

Die Pasta-Expertinnen Uschi und Gerli verstehen es, aus so was Einfachem wie der Nudel etwas Besonderes zu zaubern. Und sorry, ihr lieben Italiener, die **INSIDER TIPP** *Spaghetti burro, parmigiano e panna* sind im Due Passi Weltklasse. Tag für Tag fliegen hier zehn Standards plus täglich zwei wechselnde Pasta-Gerichte nur so aus der Küche. Kein Wunder also, dass es in der Mittags-Rush-Hour schon mal zu Engpässen bezüglich des Platzangebots kommt. Achtung! Nur Bares ist hier Wahres!

➔ **DUE PASSI**

Altstadt-Lehel | **www.duepassi.de | Mo–Fr 10–17, Sa 11.30–17 Uhr | Ledererstr. 11 | Tel. 089 22 42 71**

SLOW FOOD ZUM MITTAGSLÄUTEN

Ob Snack oder Mahl, Schweineschnitzel paniert oder Fleischpflanzerl mit Kalbshack, im HeimWerk ist Slow Food angesagt. Eins ist klar, selbst wer kaum Zeit hat für eine relaxed-entspannte Mittagspause, der Gaumen wird bei soviel Geschmack verwöhnt. Ein Gedicht: der Kaiserschmarrn mit hausgemachtem Apfelkompott!

➔ **HEIMWERK**

Schwabing-West | **www.heimwerk-restaurant.de | Mo–Do11.30–23, Fr 11.30–24, Sa 10–24, So 10–23 Uhr | Friedrichstr. 27 | Tel. 089 21 89 61 04**

Isarvorstadt | **Mo–Do 11.30–24, Fr 11.30–1, Sa 10–1, So 10–23 Uhr | Müllerstr. 49 | Tel. 089 59 91 86 97**

Happ
... und schon ist das köstliche Ringlers-Sandwich weg

MEHR ALS NUR EIN GRILL

Ehrlich gesagt, der Laden platzt aus allen Nähten. Da stehen die Schlangen Hungriger mittags ja bis fast um die Ecke an. Woran das liegt? Die Crew um Valerie und Martin Ringler kocht einfach genial. Selbst absoluten Fleischliebhabern fällt es hier leicht, sich hier auch mal an den kreativen fleischlosen Gerichten zu laben. Und erst die Grill-Sandwich-Kreationen, angefangen bei den verschiedenen Brotvariationen bis hin zu den Saucen, alles selbst kreiert und auch mittlerweile preisgekrönt. Da kann die Mittagspause auch schon mal ein Highlight des Tages werden!

➔ RINGLERS GRILL

Altstadt-Lehel | **www.ringlers.net | Mo–Fr 8–18, Sa 10–18 Uhr | Sendlinger Str. 45 | Tel. 089 26 55 49**

ZWISCHEN PHO BO UND XA-XIU

Willkommen im hippen Westend. Hierhin hat es Madame Hu mit ihrer asiatischen Straßenküche verschlagen. Entsprechend locker geht's hier zu. Die Reisnudelgerichte mit reichlich Koriander und hausgemachter Limetten-Fisch-Sauce werden lauwarm serviert. Ob mittags oder abends, der legendäre Xa-Xiu, der gegrillte Schweinebauch mit Sojasauce und Chili fehlt natürlich nicht auf der Karte. Gleiches gilt für die Tofu-Gerichte, was auch Vegetarier strahlen lässt.

➔ MADAME HU

Schwanthalerhöhe | **www.madame-hu.com | Mo–Sa 11–15, 17–22, So 17–22 Uhr | Gollierstr. 20 | Tel. 089 45 21 72 72**

WATCH THE COOK!

Fernweh? Hier gibt's Trost! Wer schon einmal auf Asienreise war, kennt die Garküchen, die dort zum Stadtbild gehören wie die Hot-Dog-Wägen in New York. Von Soba bis Ramen, die Suppen im Sasou, der Fachmann schlürft die Nudeln mit den Stäbchen, sind geschmacklich dem europäischen Gaumen angepasst, aber einfach vorzüglich. Alles – auch Sushi, Salate und Fingerfood – wird frisch zubereitet, unter Zeugen – dank der offenen Küche.

➔ SASOU

Altstadt-Lehel | www.sasou.de | Mo–Sa 11–22 Uhr | Marienplatz 28 | Tel. 089 26 37 01

VIET-VEGGIE

Mittags einchecken bei Jack! Der zentral gelegene, familiäre Vietnamese hat besonders viele vegetarische Gerichte. Gesund und angeblich auch schön macht »I'm so beautiful«. Das ist gebratener Natur-Tofu mit Zitronengras sowie knusprige Röllchen auf lauwarmen Reisnudeln in einer hausgemachten Limonensauce.

➔ JACK GLOCKENBACH

Isarvorstadt | www.jack-glockenbach.de | Mo 17.30–23, Di–Do 11.30–14.30 und 17.30–23, Fr 11.30–14.30 und 17.30–23.30, Sa 11.30–23.30, So 11.30–23 Uhr | Thalkirchner Str. 3 | Tel. 089 12 12 51 52

VORSICHT, SONNENBRAND!

Ein guter Ort für (Sonnen-)Hungrige: Das Zimt verfügt über eine 12-Stunden-Sonnen-Garantie, sofern diese sich sehen lässt. Wen wundert's da, dass die Terrassenplätze hier im Herzen des Dreimühlenviertels heiß begehrt sind? Auf den Tisch kommen toll abgestimmte Pasta-Gerichte genauso wie Saisonales. Alles frisch aus der nahen Großmarkthalle importiert. Achtung! Hier gilt nur Bares als Zahlungsmittel.

➔ CAFÉ ZIMT

Isarvorstadt | cafezimt.wordpress.com | Mo–Fr 7–20, Sa/So 8–20 Uhr (im Winter nur bis 18.30 Uhr) | Ehrengutstr. 9 | Tel. 089 45 22 95 88

Hot Town

Summer in the City: Café Zimt

KOFFEIN-SHOT

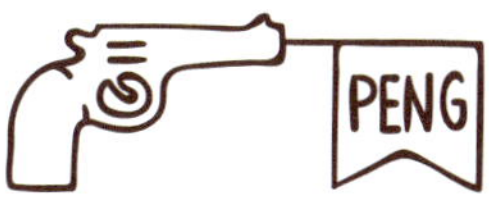

Ohne meinen Kaffee mach' ich nix mehr

EIN HOTSPOT WIE DAS VIERTEL SELBST

Klein und unprätentiös, gemütlich und stylisch, das Josefa muss man auch unter neuer Leitung einfach mögen. Diese Café-Bar verkörpert gewissermaßen das immer noch aufstrebende Westend. Des Deutschen liebstes Getränk, der Kaffee, schießt hier perfekt abgestimmt durch eine Faema-Espressomaschine namens »Legend«. Allein das garantiert schon den notwendigen Koffeinkick. Die Bohnen kommen übrigens aus Italien von Vee. Und das Abnehmen beginnt morgen, die wahre Sünde wäre es, die selbst gebackenen Kuchen den anderen zu überlassen.

➔ CAFÉ+BAR JOSEFA

Schwanthalerhöhe | **www.facebook.com/JosefaWestendCafeBar | Mo–Fr 8–18 Uhr | Westendstr. 29 | Tel. 089 28 97 91 83**

WER DAS GLÜCK SUCHT …

… der kann es hier in dieser kleinen, typischen Espresso-Bar finden. Auch Signor Rossi, die berühmte italienische Trickfilmfigur aus den 70er-Jahren, wäre hier Stammgast. Bestimmt! Zu Cappu, Latte Macchiato oder Doppio gibt's Panini, Cornetti und andere schnelle, italienische Köstlichkeiten, die eine Caffetteria & Paninoteca zu bieten hat.

➔ SIGNOR ROSSI

Altstadt-Lehel | **Mo–Fr 8–18, Sa 9–20 Uhr | Färbergraben 5 | Tel. 089 26 62 13**

MMH …, WIE DAS DUFTET

Besonders gute Nasen können das Aroma der Arabica sogar schon von Weitem riechen. Die Bohnen selbst stammen aus fernen Plantagen, doch geröstet wird hier vor Ort. Und das bereits seit 1997. Entsprechend strömen die Kaffee-Connoisseure morgens, mittags und abends von allen Seiten Richtung Viktualienmarkt, wo sich Christian Müller mit seiner kleinen Kaffee-Oase niedergelassen hat. So ein kleiner Crema d'Oro als Espresso gibt den richtigen Kick. Den Toast oder die Butterbrezn holt man sich von nebenan.

➔ KAFFEERÖSTEREI VIKTUALIENMARKT

Altstadt-Lehel | **www.kaffee-muenchen.de | Mo–Sa 8–18 Uhr | Viktualienmarkt Abtl. III, Stand 3/26 | Tel. 089 2 60 90 86**

NICHT GEBOHRT, NUR GERÖSTET

Wenn Zahnärzten der Kaffee in der Umgebung nicht schmeckt, dann werden sie selbst tätig. So geschehen im Falle des Patolli. Seitdem wird in der Sendlinger Straße selbst gerösteter Zaubertrank ›Made vom Tegernsee‹ ausgeschenkt. Und der schmeckt nicht nur den Nachbarn bestens. Abends mutiert die kleine Kaffee-Bar INSIDER TIPP zur Cocktail-Oase erster Klasse. Dann ruht die Bohne, aber nur bis zum nächsten Hahnenschrei.

➔ PATOLLI

Altstadt-Lehel | **www.patolli.net | Mo 8–19, Di–Fr 8–2, Sa 10–2, So 12–18 Uhr | Sendlinger Str. 62 | Tel. 089 89 05 83 12**

LIFE CAN BE BITTER

… your coffee shouldn't be. Von fruchtig bis schokoladig, diese kleine Münchner Spezialitäten-Rösterei verwandelt die grünen Bohnen in kleine braune Meisterbohnen, die ein interessantes, leicht säuerliches Kaffee-Aroma entwickeln, bei dem selbst Genießer große Augen bekommen. Das Krokodil, das Markenzeichen der Kaffeeverrückten Macher, weiß man mittlerweile sehr zu schätzen in München.

➔ MAN VERSUS MACHINE

Isarvorstadt | **mvsm.coffee | Mo–Fr 8–18, Sa 9–19 Uhr | Müllerstr. 23 | Tel. 089 80 04 66 81**

AUS LIEBE ZUR BOHNE

Seine Profession ist der Kaffee und was anfangs nur ein Hobby war, ist heute längst zu einer Berufung geworden. Seine Heimat hat Alexander Vits auf der Rückseite des ehemaligen Riegerblocks gefunden, wo neben seinem Café auch eine kleine Rösterei zu Hause ist. Seine Philosophie: Aromatik, Säure, Körper und Bitterkeit in Einklang zu bringen. Das gelingt ihm so gut, dass selbst Münchens Feinschmeckertempel, das Tantris, seine Bohnen hier rösten lässt.

➔ VITS KAFFEE

Altstadt-Lehel | **www.vitsderkaffee.de | Mo–Fr 8–19, Sa 10–18 Uhr | Rumfordstr. 49 | Tel. 089 23 70 98 21**

Attacke auf die Sinne

Achtung, Geschmacksknospen: In der Kaffeerösterei am Viktualienmarkt gibt's den richtigen Kick

AFTER-WORK-FUTTER

Selber kochen? Bin doch nicht blöd

ES MUSS NICHT IMMER KAVIAR SEIN

Wenn der Chef des Hauses seinen Pizzateig liebevoll knetet, ihn dann gekonnt durch die Luft wirbelt, um ihn schließlich mit seinem hausgemachten Tomaten-Sugo zu bestreichen, dann knurrt der Magen schon mal in Vorfreude auf die runden Meisterwerke. Die einfachste aller Arten, die Margherita, schlicht verfeinert mit frischem Mozzarella, Basilikum und Tomaten, ist zwar simpel, aber jede einzelne Kalorie wert.

ENZO

Maxvorstadt | www.enzo-pizza.de | Di–So 17.30–24 Uhr | Nordendstr. 24 | Tel. 089 27 37 15 94

WÜRSTL UND SELBSTGEBRAUTES

Hopfenhäcker, Haidhausens neuer Stolz, ist noch ein Frischling der Münchner Brauereiszene. Doch mit Werner Schuegraf zählt ein Braumeister der ersten Stunde zum Team, der einst in den 80ern schon im Isarbräu ein besonders süffiges Weißbier braute. Nun hat er seine Sudkessel im Hinterhof stehen und liefert seinen Roten Münchner, die IP Brothers oder den Wuiderer in die angeschlossene Wirtschaft, wo frische Würstl auf dem Grill brutzeln. Alles ebenfalls Meisterstücke namhafter Metzger zum Feierabendbier.

DAS KLEINE MEISTERSTÜCK

Haidhausen | www.dasmeisterstueck.de/muenchen haidhausencraftbeer | Mo 16–22, Di–Sa 11–22 Uhr | Weißenburgerstr. 16 | Tel. 089 48 99 67 77

WIE IN FLORENZ ODER MAILAND

Unseren Nachbarn aus Italien sei Dank, es brummt nur so in der Schrannenhalle. Das beweist auch, dass die italienische Lebenskultur den Münchnern heilig ist. Wo man hinschaut, man wird geradezu berauscht von all den Köstlichkeiten aus den Regionen zwischen Südtirol und Sizilien – Pecorino, Schinken und erst die hausgemachte Pasta in allen Variationen! Eine ideale Ergänzung zum Viktualienmarkt. Zum Glück mit INSIDER TIPP längeren Öffnungszeiten, Mini-Trattorias sowie einem Italo-Pop-up-Restaurant.

EATALY

Altstadt-Lehel | www.eataly.net/de_de/geschaefte/muenchen | Mo–Sa 10–23, So 10–22.30 Uhr | Blumenstr. 4 | Tel. 089 248 81 77 11

KONZENTRIERT AUFS WESENTLICHE

Feierabend und im heimatlichen Kühlschrank liegt nur eine schrumplige Karotte? Auf zu Bernd und Nisachon Ungewitter, einst Vorreiter in Sachen Foodtruck, die verwöhnen ihre Gäste mit bester Thai-Küche. Alles wird frisch im Wok zubereitet und landet flugs am Tisch. Kurz schlemmen und weiter geht's.

➔ KAIMUG

Altstadt-Lehel | www.kaimug.de | Mo–Sa 11–22 Uhr | Sendlinger Str. 42 | Tel. 089 26 94 90 08

VON WEGEN FAST FOOD

Einen Burger kreieren kann doch jeder! Doch Vorsicht, die im King Loui haben Suchtfaktor. Der Laden ist ganz weit vorne in der Burgerkultur. Selbst die Buns werden nach eigenem Rezept gebacken. Verantwortlich hierfür eine Münchner Traditionsbäckerei. Das Rindfleisch, mehrmals am Tag verwolft, kommt aus der Region und wer 4 Euro extra investiert, bekommt sogar 200 Gramm Premium-Fleisch vom Murnau-Werdenfelser-Rind.

➔ KING LOUI

Schwanthalerhöhe | www.king-loui.com | Mo–Fr 11.30–14.30, 18–23, Sa 18–23 Uhr | Kazmairstr. 37 | Tel. 089 30 00 55 31

DOLCE FAR NIENTE

Hauchdünn und knusprig, der Belag immer äußerst einfallsreich – Riva-Pizzen waren schon immer etwas anders. Dafür stehen so Kreationen wie *Mortazza* mit Mortadella, Pistaziencreme und Kräutersaitlingen (11,50 Euro) oder die Variante mit Auberginencarpaccio, Waldhonig und Granatapfel (10,50 Euro). Ob im Sommer auf der Terrasse oder drinnen, den Aperitivo, die italienische Art den Feierabend zu feiern, weiß man hier zu schätzen.

➔ RIVA SCHWABING

Schwabing-Freimann | www.riva-schwabing.de | tgl. 11.30–1 Uhr | Feilitzschstr. 4 | Tel. 089 30 90 51 80 8

Lust auf Nudeln?

Dann auf nach Eataly!

Prost!
Jetzt ein kühles Augustiner im Faun

ORIGINAL VIETNAM-STREETFOOD

Schon mal von Banh Mi in den Bann gezogen worden? Das ist ein belegtes Baguette im Saigon-Style mit einer Füllung aus Gurkenstreifen, Rettich, Karotte, Paté und Koriander. Dazu nach Wahl Pulled Chicken, mariniertes Rind oder Zitronengras-Tofu. Mal was ganz anderes aus Vietnam, schnell gemacht, gesund und preiswert obendrein. Wer alternativ lieber bei den Klassikern wie Pho Bo, den Reisnudelschalen oder den Reispapierrollen bleibt, schaut in den beiden Chi Thu-Restaurants auch nicht in die Röhre. So gut kann der Feierabend schmecken.

➔ CHI THU

Isarvorstadt | www.chithu.de | tgl. 11–21.30 Uhr | Pestalozzistr. 16 | Tel. 089 21 02 22 00
Isarvorstadt | tgl. 11–21.30 Uhr | Morassistr. 2 | Tel. 089 24 22 33 47

AUF DER BURGER-UMLAUFBAHN

3, 2, 1 ... Start! Das saftige Rindfleisch für die Raketen-Burger kommt vom Bio-Anbieter Ochsenstolz, der für besonders respektvollen Umgang mit Tieren steht. Die Buns stellt eine in München ansässige, französische Bäckerei her, die Fritten sind handgeschnitten und aus Demeter-Qualitätskartoffeln und die Saucen hausgemacht. Alles bio, oder was? Kann man so sagen. Damit's nicht langweilig wird, gibt's im familiären Lokal mit der unausweichlichen Star-Fotogalerie 20 Burger-Varianten, darunter auch fünf für ausgefleischte Veggies.

➔ GOLDENE RAKETE

Neuhausen | www.goldene-rakete.com | tgl. 11–24 Uhr | Schulstr. 2 | Tel. 089 18 94 72 96

EIN URGESTEIN DER JAPANISCHEN KÜCHE

Das Restaurant im Glockenbachviertel ist ein Klassiker in Sachen Sushi. Ob Maki oder Sashimi, modern oder traditionell, schlicht oder aufwendig, die Sushi-Küche liegt in der Hand von erfahrenen Köchen. Entsprechend professionell sind auch die angebotenen Sushi-Kurse. INSIDER TIPP Sushi-Happy-Hour, sonntags bis donnerstags ab 22 Uhr, alle Sushis (außer den gemischten Platten) zum halben Preis. Und die japanischen Cocktails folgen ab 23 Uhr.

➔ SUSHI & SOUL

Isarvorstadt | www.sushi-soul.de | tgl. ab 18 Uhr | Klenzestr. 71 | Tel. 089 201 09 92

EDLE TROPFEN ZUM FEIERABEND

Die lässige Weinbar hat ihren Platz im hippen Treiben zwischen Wiener- und Johannisplatz längst gefunden. Auch jüngeres Publikum trifft man hier an. In Sachen Speisen müssen die Gäste etwas tiefer in die Taschen greifen. So kostet der Catch of the day mit Risotto und Gemüse satte 25 Euro. Tipp: das Kim & Co Überraschungsmenü, 3 Gänge für 39 Euro.

➔ KIM & CO

€€€ | Haidhausen | www.kimundco.de | Di–Sa 18–1 Uhr | Johannisplatz 11 | Tel. 089 44 11 99 30

EIN BAYER IM GLOCKENBACH

Manche behaupten ja, dass Augustiner das Lieblingsbier der Münchner wäre. Nur gut, dass im Faun damit nicht nur gekocht wird, sondern es auch zur Kühlung der Kehlen dient. Zivile Preise, große Portionen, damit lockt man jeden hinterm Ofen hervor. Apropos Ofen, aus diesem kommt sonntags der Schweinsbraten frisch auf den Tisch. Die Augustiner-Dunkelbiersauce fehlt ebenfalls nicht. Dem FC Bayern kann man auf seiner Champions-League-Reise hier folgen.

➔ FAUN

Isarvorstadt | faun.mycosmos.biz | Di–Sa 10–1, So–Mo 10–24 Uhr | Hans-Sachs-Str. 17 | Tel. 089 26 37 98

FAST FOOD AUF SPANISCH

Das Konzept der kleinen Feierabend-Häppchen haben die Spanier wohl am besten perfektioniert. Von Pollo al ajillo bis Empanada de atún, von Muslitos bis zu Tortilla espanola, das Auge kann sich gar nicht satt genug sehen am Tresen, wo all die Schmankerln warten. Am besten gleich eine Flasche Rotwein bestellen, denn so ein Tapas-Abend kann schon einmal etwas länger dauern.

➔ BAR TAPAS

Maxvorstadt | bar-tapas.com | tgl. ab 17 Uhr | Amalienstr. 97 | Tel. 089 39 09 19

Nimm das, du lah-mer Wochenstart!

LACHEN GARANTIERT

Jede Szene eine Premiere! Das TATwort-Team zählt zu den besten Improvisationskünstlern der Stadt, ein spaßiger Abend ist da keine Frage. Montags, bei der TATwort Freestyle Show (16 bis 23 Euro), ist der Angriff auf die Lachmuskeln besonders groß.

➔ THEATER DREHLEIER

Haidhausen | www.tatwort.de | Mo 19.30 Uhr | Rosenheimer Str. 123 | Tel. 089 48 27 42

VOLL AUF DIE ZEHN!

Es heißt nicht Kegeln, sorry, aber das ist ein anderer Sport. Zehn Pins gilt es in zwei Versuchen von der Bahn zu fegen. Besonders gut geht dies montags, wenn weder Late-Night-Bowling noch Bingo-Bowling angesagt sind. Also rein in die Spezialschuhe, gibt's direkt vor Ort, und dann die richtige Kugel geschnappt und schon geht's los. Der günstigste Zeitraum ist vor 18 Uhr oder nach 22 Uhr, dann kostet die Bahn nur 20 Euro.

➔ ISAR-BOWLING

Untergiesing | www.isarbowling.de | Mo–Do 11–24, Fr 11–1, Sa 10–2, So 10–24 Uhr | Martin-Luther-Str. 22 | Tel. 089 6 92 45 12

SING MY SONG

Ob Soulqueen oder Rockröhre, montags und mittwochs (ab 22 Uhr) gehört die Kennedy's-Bühne zukünftigen Gesangstars, die dem Publikum richtig einheizen. Manch eine Stimme überrascht und man fühlt sich wie bei Voice of Germany. Schräge Töne aus den Boxen? Macht nix, der Respekt gebührt auf jeden Fall allen. Also: Nur Mut und rein ins Rampenlicht.

➔ KENNEDY'S

Altstadt-Lehel | www.kennedysmunich.com | Mo–Do 11–2, Fr/Sa 11–3, So 11–1 Uhr | Sendlinger-Tor-Platz 11 | Tel. 089 59 98 84 60

MONTAGS MAL QUEER

Die Woche mal ruhig angehen lassen und im Plüschsessel ein bisschen Kultur genießen … Was hier auf den Leinwänden läuft, darf als anspruchsvoll bezeichnet werden. Dies ist mit Sicherheit einer der Gründe, warum kleinere Festivals gerne hierher kommen. Der wunderschöne Hinterhof zählt sicher auch dazu. Montags läuft auch die Reihe Mongay, die sich dem internationalen, schwullesbischen Film widmet.

➔ CITY-KINOS/ATELIER

Ludwigsvorstadt | city-kinos.de | Mo 21.15 Uhr | Sonnenstr. 12 | Tel. 089 59 19 83 (tgl. ab 12 Uhr)

DRALLERN AUSDRÜCKLICH VERBOTEN

Am Wochenende Party und Montag einfach nur mit netten Leuten abhängen und Spaß haben? Da muss man nicht die hohe Kunst des Kickerns an den hölzernen Spielfeldern der Stadt beherrschen. Wenn Amateure aufeinandertreffen, geht's heiß her, da lässt der Spaß nicht lange auf sich warten. Gleich zwei Kicker sind in der legendären Club-Kneipe im Einsatz. Im Eifer des Gefechts nicht vergessen: Drallern sieht hier niemand gerne.

➔ SUBSTANZ

Isarvorstadt | www.substanz-club.de | Mo–Do 20–2, Fr/Sa 20–3, So 20–2 Uhr | Ruppertstr. 28 | Tel. 089 7 21 27 49

FEIERABEND-BIER

… das ham' wir uns verdient

VERDAMMT KLEIN

Münchens kleinste Bar muss man einfach lieben. Knapp 20 Plätze nennt der Barroom sein Eigen. Ganz groß hingegen sind die INSIDER TIPP Rum-Köstlichkeiten aus aller Welt. Also einfach mal loslassen und dem Gastgeber Emanuele Ingusci folgen, der einem dieses köstliche Zuckerrohrprodukt bis ins letzte Detail nahebringt. So eine Rum-Reise kann dann schon einmal etwas dauern.

➔ BARROOM

Haidhausen | www.barroom-muenchen.de | Di–Sa ab 20 Uhr | Milchstr. 17 | Tel. 089 44 14 27 62

PELIKAN AUF TAUCHSTATION

Lang wie ein Schiffsbauch, im vorderen Bereich mit einer gut sortierten Bar ausgestattet, hinten von DJs oder Livebands und Videoinstallationen in Bilderrahmen umringt, kann man im Unter Deck durchaus mal länger auf Tauchstation gehen – kritisch beäugt vom Haus-Maskottchen, einem Pelikan. Bier und Longdrinks sind hier die Standardflüssigkeiten zur Erfrischung. Wer sie, einem menschlichen Bedürfnis folgend, wieder wegbringen muss, sollte sich mangels erkennbarer Beschilderung merken: Mädels links, Jungs rechts!

➔ UNTER DECK

Altstadt-Lehel | www.facebook.com/UnterDeck | Mi–Sa 20–3 Uhr | Oberanger 26 | Tel. 089 24 29 37 11

DA WIRD SELBST BERLIN NEIDISCH

Kultig, legendär, einfach einzigartig. Ja, man muss Florian Schönhofer danken, dass er dieses ehemalige Fotostudio aus den 50er-Jahren vor der Zerstörung gerettet hat. Die Wendeltreppe steht sogar unter Denkmalschutz. Zum Glück nicht seine Cocktails wie der Grasovka-Apfel, für den er monatlich über 200 Kilo Grannys direkt vom Bauern geliefert bekommt. Saublöd nur: Der Laden ist so beliebt, dass es schon mal verdammt eng wird.

➔ CAFÉ KOSMOS

Maxvorstadt | cafe-kosmos.de | Mo–Fr 12 bis mind. 1, Sa/So 14 bis mind. 3 Uhr | Dachauer Str. 7 | Tel. 089 55 29 58 67

Galaktisch
Jede Menge Traffic im Kosmos

AUF A HOIBE

Es gab mal eine Zeit, da wurde München geradezu überschwemmt mit »-eggers«. Der neo-bajuwarische Stil war allen gleich. Dies ist hier heute immer noch der Fall. Strömten früher eher Studenten an die Bar auf ein Augustiner, so hat sich das Scheidegger zur richtigen Viertelwirtschaft gemausert. Da kann man dann auch schon mal auf ein paar Helle hängenbleiben. Sonntags stets frisch aus dem Rohr: Schweinsbraten mit Dunkelbiersauce und Semmelknödel (9,80 Euro).

➔ SCHEIDEGGER

Schwabing-West | **www.scheidegger-schwabing.de** | **tgl. 10–1 Uhr** | **Bauerstr. 16** | **Tel. 089 271 48 28**

AUSPROBIEREN UND STUDIEREN

So ein Cocktail am Tresen hat schon was. Da kann es auch mal später werden. Die beiden Chefs haben sich eine neue Art des Genusses einfallen lassen. Und so präsentieren die Barkeeper ihre Kreationen wie den *Farang Mule* – Tanqueray Gin, Koriander, Zitronengras, Kaffir, Chilli, Ingwer, Lime und Ananasschäumchen – im Highball-Format. Sie nutzen kleinere Longdrink-Gläser, was den Vorteil hat, dass man sich tiefer durch die Karte trinken kann.

➔ THE HIGH

Isarvorstadt | **www.drinkourballs.de** | **Di–Do 20–1, Fr/Sa 20–3 Uhr** | **Blumenstr. 15**

FRISCHES BIER FÜR MÜNCHEN

Auf den Tisch kommt nur Selbstgebrautes. Nein, nicht das Bier vom großen Bruder aus Langenwied, sondern ein Zwickl oder die Weiße direkt aus dem Braukessel. Und damit liegt das Bräuhaus voll im Trend. Denn Münchner Kleinstbrauereien sowie Craft-Brauer sind schwer im Kommen und gewinnen immer mehr Fans. Da lassen sich selbst gestandene Biertrinker mitreißen. Na denn, Prost!

➔ PAULANER BRÄUHAUS

Isarvorstadt | www.paulaner-brauhaus.de | tgl. ab 11 Uhr | Kapuzinerplatz 5 | Tel. 089 5 44 61 10

DIE GRÜNE INSEL LÄSST GRÜSSEN

Wer noch nie die typische irische Pubkultur kennengelernt hat, sollte hier auf ein Guinness oder auch zwei vorbeischauen. Edle Tropfen wie ein 15-jähriges Readbreast oder ein 10-jähriges Bushmills Black Bush vom Fass sind ebenfalls geboten. INSIDER TIPP Über 130 Irish Whiskys und Scotch Whiskys stehen auf der Karte. Älteren Semestern ist The Old Irish noch als Irish Folk Pub in Erinnerung, was einst, 1977, Münchens erstes Pub war. Was gut ist, muss bleiben: Ein einstiger Stammgast hat diese urige und gemütliche Kneipe übernommen.

➔ THE OLD IRISH

Schwabing-Freimann | www.irish-folk-pub.de | Mi–So ab 18 Uhr | Giselastr. 11 | Tel. 089 34 24 46

Plopp

... tönt es verheißungsvoll aus dem Paulaner Bräuhaus

ERFRISCHEND SPRITZIG

Ja, es gibt auch Tresen, an denen hauptsächlich Wein fließt. Im Grapes ist dies jedenfalls der Fall, und zwar reichlich. Die beiden jungen Österreicher Stefan Grabler und Markus Hirschler haben der Hotelbar neues Leben eingehaucht. Social Media gehören zu ihrer gelebten, frischen und modernen Weinkultur genauso dazu wie ihre INSIDER TIPP Bubble-up-Hour. Täglich ab 17.30 Uhr präsentieren sie ihre Interpretation des Aperitivos mit Winzer-Champagner und leichten Köstlichkeiten.

GRAPES/CORTIINA HOTEL

Altstadt-Lehel | www.grapes-weinbar.de | Mo–Fr 17.30–1, Sa 15–1 Uhr | Ledererstr. 8 | Tel. 089 242 24 95 04

FRÄNKISCHEN WEIN SCHENKET EIN!

Viele Jahre schon gehen Pfälzer Weine in der Residenz über den Tresen, jetzt kommen ein paar Meter daneben auch die guten Tropfen aus Unterfranken zu ihrem Recht. Im alten Souvenirshop residiert nun die Frank Weinbar, gewissermaßen eine modern gestaltete Botschaft des fränkischen Weins, die ein abwechslungsreiches Sortiment zum Verkosten vor Ort oder auch zum Genießen daheim offeriert. Besser mit Basis bechern? Dann einfach die typisch fränkischen Sauren Zipfel oder eine Aufschnitt- bzw. Käseplatte ordern.

FRANK WEINBAR

Altstadt-Lehel | www.frank-weinbar.com | Mo–Fr 8.30–0.30, Sa 11–0.30, So 11–23 Uhr | Residenzstr. 1 | Tel. 089 23 23 74 92

TREIB'S WILD!

»Tell me why I don't like mondays«, sang ja schon Bob Geldof mit den Boomtown Rats, in der Wuid Bar halten sie mit der Burger-&-Bier-Aktion zum Sparfuchs-Preis dagegen. Auch beliebt: das Gin-Tasting am Dienstag mit drei kleinen Gin Tonics zum Probieren für 11,90 Euro. Aber auch am Wochenende legt man hier einen blitzsauberen Start hin. Kein Wunder bei dem großen Gin-Tonic-Variantenreichtum, den üppigen Burgern und den modern interpretierten, bayerischen Schmankerln zum Essen.

WUID

Untergiesing | www.wuidbar.de | Mo–Do 17–1, Fr/Sa 17–3 Uhr | Humboldtstr. 20 | Tel. 089 46 13 81 64

VON WEGEN ANGEPASST

Eine Münchner Boazn, sprich Kneipe, durch und durch. Da fühlen sich auch Rockabillys wie zu Hause. Noch dazu, wenn live gerockt wird. Hier gibt's noch Münchner Underground, wie man ihn nicht mehr so oft findet, und das fast bis der Hahn kräht. Und sonst? Das Ambiente schön in dunklem Gewand und der Gast trägt selbstverständlich Tattoos.

SCHWARZER HAHN

Au | www.schwarzer-hahn.com | Mo–Mi 20–1, Do–Sa 20–3 Uhr | Ohlmüllerstr. 8 | Tel. 0173 361 92 37

ZUM ABHOTTEN IN DEN KELLER

Die Mischung aus Restaurant und Bar, im Keller befindet sich die Totem Bar, geht im Univiertel logischerweise voll auf. Da lässt es sich gemütlich an den Tresen über die eigenen Studententage philosophieren und nebenbei eine der reichhaltigen Bowls genießen. Lecker: die *Gaucho Bowl* mit Quinoa und spicy Rind. INSIDER TIPP Als Mietobjekt heiß begehrt ist die Totem Bar, in der Privatfeten stattfinden.

KATOPAZZO

Maxvorstadt | www.katopazzo.de | Mo–Do 17–1, Fr/Sa 17–2 Uhr | Amalienstr. 87 | Tel. 089 44 38 71 14

Couch am Abend? Langweilig!

Runter vom Sofa – rein in die Stadt!

ALL-WISSEND?

Statt vom sicheren Sofa aus vor der Glotze mitzuraten, besser zur Generalprobe für »Wer wird Millionär« gehen. Denn beim Pubquiz, jeden Donnerstag ab 19 Uhr, geht es zur Sache. Ob im Team oder alleine, wer mal ins Fernsehen will, sollte sich hier ausprobieren. So allwissend man auch scheint, in der Öffentlichkeit und unter Zeitdruck ist es eben doch etwas anderes als auf dem Sofa.

THE SHAMROCK

Schwabing-Freimann | shamrockmunich.de | Mo 20–1, Di/Mi 19–1, Do 19.30–1, Fr/Sa 18–3 Uhr | Trautenwolfstr. 6 | Tel. 089 33 10 81

COCKTAIL & ART

Was für eine interessante Kombination. Da werden auch Kunstmuffel weich und tauschen Pantoffel gegen Ausgehschuhe. Zuerst geht es durch eine der aktuellen Ausstellungen, selbstverständlich mit eigenem Guide. Und anschließend folgt die Belohnung in der Goldenen Bar, wo eine köstliche Cocktail-Kreation wartet. Das Ganze gibt's für 17 Euro.

HAUS DER KUNST

Altstadt-Lehel | www.hausderkunst.de | Fr–Mi 10–20, Do 10–22 Uhr | Prinzregentenstr. 1 | Tel. 089 21 12 71 13

SCHWITZEN WIE CÄSAR

Ja, die guten alten Römer wussten es schon, im *domum* wird nicht sauniert, also nichts wie ins *sudatorium.* Und so ist es nicht weiter verwunderlich, dass das römisch-irische Schwitzbad mit seinen ca. 45 Grad Celsius selbst den härtesten Muskel entspannen lässt. Zum Wellnesskonzept gehören auch verschieden temperierte Warm- und Heißlufträume. Und danach wie Cäsar zur Massage.

➔ MÜLLER'SCHES VOLKSBAD

Au | www.swm.de | Bad: tgl. 7.30–23, Sauna: tgl. 9–23 Uhr | Rosenheimer Str. 1 | Tel. 089 23 61 50 50

SO WEIT DIE FÜSSE TRAGEN

Auf, auf, liebe Couchpotatoes und raus in den Englischen Garten, wo die Lauftrainer schon warten. Dieser INSIDER TIPP kostenlose Lauftreff ist die beste Gelegenheit, endlich einmal den inneren Schweinehund zu überwinden. Und keine Angst, für Ungeübte gibt es extra ein Einsteigertraining samt Gehpausen. Gelaufen wird immer, selbst starker Regen ist hier keine Ausrede wert.

➔ HVB SPORTCLUB

Altstadt-Lehel | www.bkk-mobil-oil.de/trainingszone/laufen/lauftreff.html | Di 19 Uhr | Am Eisbach 5

EIN TAG AM MEER

Endlich den Alltagsstress hinter sich lassen, davon träumt doch jeder, aber bitte nicht langweilig auf der Couch. Der Weg zum nächsten Meer ist weit, aber der entspannende Salzeffekt findet sich auch hier. Münchens Salzgrotte ist mit dem weißen Gold vom Toten und Rotem Meer ausgestattet. Ganze 13 Euro kostet dieser Kurztrip (45 Minuten) ans Meer.

➔ SALZAMBIENTE

Au | www.salzambiente.de | Mo/Di 10–19, Mi 13–21, Do/Sa 10–15, Fr 10–19 Uhr | Sommerstr. 24 | Tel. 089 63 85 10 70

WOCHEN-ENDE – FEIER-ALARM

GRUNDLAGE SCHAFFEN

Keine Party auf leeren Magen!

SCHÖNER DÖNER

Hunger nach dem Chillen an der Isar oder vorm Konzert im Muffatwerk? So weit, so gut, Sofra. Im türkischen Imbiss am Rosenheimer Berg wird die aufkommende Magen-Rebellion zuverlässig besänftigt. Ob Klassiker wie Döner Kebab und Dürüm oder zur Abwechslung mal ein Sigara Börek oder ein Zucchini-Pflanzerl, alles ist schön frisch und gut bekömmlich.

➔ SOFRA

Haidhausen | www.facebook.com/SofraTurkische Esskultur | tgl. 8–22 Uhr | Rosenheimer Str. 10 | Tel. 089 88 56 34 71

FLIRTEN WIE EIN ITALIENER

Ganz schön voll hier! Ja mei. Die Bar Comercial in den Fünf Höfen ist halt ein beliebter Ausgangspunkt für eine lange Nacht, da muss man im engen Gang vor der Bar schon mal etwas Slalom laufen. Aber sobald man ein Plätzchen gefunden hat, verschaffen einem die guten Pizzen eine solide Basis und der süffige Wein lockert schnell die Zunge. Gut so, denn die Tischnachbarn sind nicht auf den Mund gefallen. Hier gehört Flirten einfach zum guten Ton. Und vielleicht findet man ja noch Begleitung für die restliche Abendtour ...

➔ BAR COMERCIAL

Altstadt-Lehel | www.barcomercial.de | Mo–Sa 9–1, So 12–24 Uhr | Theatinerstr. 16 | Tel. 089 20 70 02 66

HEUL DOCH!

Was willst du eigentlich mehr? Currywurst, Pommes, Bier, Fußball und rauer Rock'n'Roll-Charme. Das reicht doch, oder? Im optimal am U-Bahn-Ausgang lauernden Bergwolf legen hungrige Mäuler gern die Basis für eine lange Partynacht rund um den Gärtnerplatz oder im Glockenbachviertel. Okay, das schlichte Interieur bekommt keinen Schönheitspreis, aber die Currywurst entlockt sogar Ruhrpottlern ein anerkennendes Raunen.

➔ BERGWOLF

Isarvorstadt | www.facebook.com/LateNight CurryWurst | Mo–Do 12–15, 18–2, Fr 12–15, 18–4, Sa 12–4, So 17–22 Uhr | Fraunhoferstr. 17 | Tel. 089 23 25 98 58

Zum Reinbeißen

Eine internationale Burgerschaft hat sich in der Hamburgerei versammelt

SIND SIE ZU SCHARF – BIST DU ZU SCHWACH

In der Gute Nacht Wurst können sich höllisch heiße Nachtschwärmer gerne mal dem Schärfe-Contest stellen und für 9,90 Euro Currywürste ohne Ende verdrücken. Einziger Haken: Von Wurst zu Wurst rückt der Blackout näher. Stufe 6 ist angeblich 2000-mal schärfer als Tabasco. Na dann, gute Nacht. Oder vielleicht doch lieber die normale rote, weiße oder Berliner Currywurst mit einer von vier verschiedenen Saucen? Schmeckt am Wochenende auch noch nach Mitternacht.

➔ GUTE NACHT WURST

Isarvorstadt | www.gute-nacht-wurst.heliohost.org | Mo–Do 17–24, Fr 17–4, Sa 12–4, So 12–24 Uhr | Klenzestr. 32 | Tel. 089 89 06 97 83

GRENZÜBERSCHREITENDE BURGER

Hamburger sind ja so was von »American«, da wird doch wohl kein Mexikaner die Grenzen überschreiten? In der bunt bestuhlten, originalen Hamburgerei Nähe Stiglmaierplatz schon. Da trump(f)t der schön scharfe Mexikaner-Burger mit Guacamole, gegrilltem Speck, Jalapenos und Tortilla-Chips auf! Überhaupt ist die Burger-Schaft hier ganz schön international: Perser, Sizilianer, Franzosen, Norweger und Trojaner mischen kräftig mit.

➔ HAMBURGEREI

Maxvorstadt | www.hamburgerei.de | So–Do 11.30–22, Fr/Sa 11.30–23 Uhr | Briennerstr. 49 | Tel. 089 20 09 20 15

HAMMER-HUMMER PLUS BURGER

2008 fing alles an. Der mobile Straßenverkauf (Eat The Street) verwandelte sich 2012 in einen Imbiss, bevor Ruff dem verlockenden Ruf eines Restaurants erlag. Mehr Platz, mehr Auswahl. Also kam zum Burgergrill noch ein Smoker. Volltreffer! Die typisch amerikanischen, zuvor gesmoketen BBQ-Spezialitäten wie Baby Back Ribs oder Pulled Pork schmecken ganz wunderbar nach Lagerfeuer. Die belgischen Pommes sind auch nicht zu verachten und auf Wunsch in fünf Varianten individuell zu pimpen.

➔ RUFF'S BURGER & BBQ

Schwabing-Freimann | www.ruffsburger.de | tgl. 17–24 Uhr | Occamstr. 4 | Tel. 089 12598946

FREIHEITS-THAI

Zugegeben, an der Münchner Freiheit sieht's so gar nicht wie in Bangkok aus, aber einen Imbiss mit thailändischer Garküche gibt's trotzdem. Im Mun Mun munden Leckereien wie die Tom-Kha-Gai-Suppe, der Laab-Gai-Salat und die Garnelen im grünen Curry wunderbar und wecken zugleich schöne, respektive scharfe Erinnerungen an den letzten Asienaufenthalt.

➔ MUN MUN

Schwabing-Freimann | www.munmun.de | tgl. 11–22 Uhr | Münchner Freiheit 18 | Tel. 089 24881 7588

REDUZIERT AUFS NÖTIGSTE

Bier & Wurst verkündet schon der Untertitel im Imbiss neben dem Café Kosmos und diese Reduziertheit hat auch aufs Interieur übergegriffen, das ein wenig Wartesaal-Flair mit Wandmalereien kombiniert. Aber das Personal ist dafür supernett, das Tankbier supersüffig und die Rindswurst mit dem grobkörnigen Senf ein Fall für eine zweite Sünde. Fantastisch schmeckt auch INSIDER TIPP der eingelegte Camembert mit Zwiebelringen, der meist unter der Hand über den Tresen wandert.

➔ BUFET

Maxvorstadt | www.bufet.de | Mo–Fr 16–24, Sa 18–1 Uhr | Dachauer Str. 7a | Tel. 089 55275965

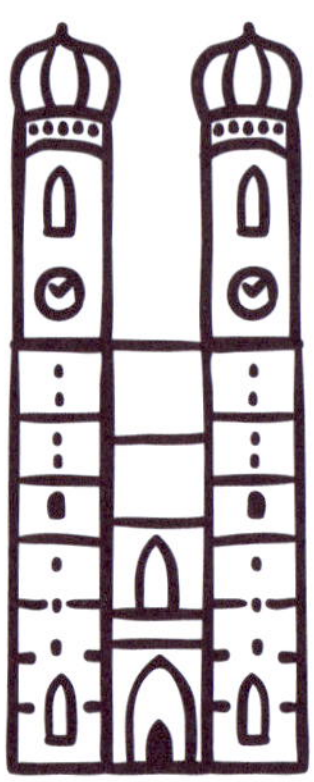

POMMES-POWER

Die Belgier haben nicht nur beim Bier interessante Einfälle, sie rösten auch ihre fingerdicken Pommes frites gerne doppelt. Hält einfach besser, dachten sich auch die Macher der Pommes Boutique hinter der LMU und werfen zu den Kartoffelsticks noch 20 verschiedene Dips in den Ring. Wem die Pommes-Power nicht genügt, der kann auch mit Gurken-Minz-Salat, Feta in Sesam-Nuss-Kruste oder Garnelenspießen nachrüsten.

➔ POMMES BOUTIQUE

Maxvorstadt | www.pommesboutique.de | Mo–Sa 10–22, So 12–20 Uhr | Amalienstr. 46 | Tel. 089 95473312

Grüß Gott,
das Bufet ist eröffnet!

ANLAUF NEHMEN

... für die Nacht

MIT MOOS VIEL LOS

Beim Blick nach oben könnte so manchem leicht schwindelig werden. Denn aus der Decke in den zwei Räumen wachsen insgesamt 7500 Holzstäbe. Das wirkt wie starker Wellengang auf hoher See. Eher an einen Wald erinnern dagegen die begrünten Moos-Wände. Zum spannenden Design gesellen sich interessante Cocktail-Eigenkreationen und Portweine, Wermuts und Sherrys als Spezialität des Hauses.

TRISOUX

Isarvorstadt | www.trisoux.com | Di–Do 18–1, Fr/Sa 18–3 Uhr | Müllerstr. 41

Cocktaillaune

Toller Abend, beste Mixgetränke – da fühlt man sich wie im Urlaub in Le Florida

DIE SODA-APOTHEKE

Die Wölfe haben noch mal Nachwuchs bekommen. Nach der Bar Zum Wolf und dem Diner Little Wolf lockt nun auch Wolf's Farmacy das Rudel der Durstigen an. Neben dem Gärtnerplatztheater lässt Betreiber Wolfgang Götz in seiner »Apotheke« die Idee einer amerikanischen Soda-Bar aufleben. Im Fokus stehen selbst gemachte Limonaden auf Sirupbasis, die mit Soda aufgefüllt werden, in der cremigen Variante gern auch noch von Vanille-Eis getoppt. Die Sodas werden mit fassgelagerten Whisky-Drinks kombiniert, was völlig neue Geschmackserlebnisse erzeugt. INSIDER TIPP Bär-(t)ige Idee für Großstadt-Wölfe: Im Hinterzimmer ist ein kleiner Barbershop integriert.

WOLF'S FARMACY

Isarvorstadt | www.wolfsfarmacy.de | Mo–Sa ab 18 Uhr | Klenzestr. 30 | Tel. 089 26 94 93 92

TRINKEN MIT BUD SPENCER

Wer eine Loretta erwartet, wird vielleicht enttäuscht sein. Dafür hängt Bud Spencers Konterfei im Laden und es gibt Buds legendäre Bohnenpfanne zu essen. Die Gastgeber Kristijan Krolo und Florian Rath geben sich auch sonst alle Mühe, die fehlende italienische Mamma zu ersetzen. So haben sie mehr als 60 verschiedene Amaro-Bitters in ihrem Kräuterlikör-Schrank neben der Bar versammelt. Auch die Weinauswahl ist fantastisch. Und wer gerne Cocktail-Experimente eingeht, wird ebenfalls überaus positiv überrascht.

LORETTA BAR

Isarvorstadt | www.loretta-bar.de | Mo–Do 8–1, Fr 8–3, Sa 9–3, So 10–19 Uhr | Müllerstr. 50 | Tel. 089 23 07 73 70

GIESING, OIDA!

Giesing, das Gehege der Löwen, der Arbeiterschaft und der Boazn-Betreiber, scheint sich langsam doch zum Hipster-Quartier zu entwickeln. Eine schummrige Höhle mit Ausschanklizenz namens Riffraff (engl. für Gesindel) legt zumindest einen weiteren Grundstein für höhere Szeneweihen. Am Tresen stiftet das Erdinger Stiftungsbräu zu weiteren Getränkerunden an und die DJs an den Plattentellern untermalen die zwielichtige Szenerie mit erhellenden Songs.

RIFFRAFF

Obergiesing | www.facebook.com/riffraff089 | Di–Do 19–1, Fr/Sa 19–3 Uhr | Tegernseer Landstr. 96 | Tel. 089 85 63 87 22

MIX DIR DEINEN GIN

So farbenfroh das Lichterspiel sich auch gibt, so relaxed ist die Atmosphäre. Bei Gin-Fans steht das Le Florida sowieso ganz weit oben. 30 exquisite Sorten stehen auf der Karte, die sich gerne mit Tonic Water von Thomas Henry, Fever Tree, Aqua Monaco oder 1724 paaren. Zur Stärkung gibt es dann noch einen *Le Florida Burger*. Hier lässt es sich bestens einen langen Abend einläuten.

LE FLORIDA

Schwabing-West | www.leflorida.de | tgl. ab 18 Uhr | Georgenstr. 48 | Tel. 089 44 42 95 55

EINKEHRSCHWUNG

Freestyle-Skifahrer Bene Mayr gönnt sich nicht nur die Freiheit, seine Power im Powder auszuspielen, sondern nebenher auch als Mitbetreiber einer urigen Mini-Bar aufzutreten. Zusammen mit Freunden schmeißt er die gemütliche Schorsch Bar, die nicht nur Studenten als rustikales Wohnzimmer zum Abhängen und Feiern dient. Apropos feiern: Bei der INSIDER TIPP Livemusikreihe ›Schorsch unplugged‹ – alle paar Wochen donnerstags – ist die Stimmung immer besonders griabig.

SCHORSCH BAR

Maxvorstadt | www.schorschbar.de | Mi/Do 20–2 Uhr, Fr/Sa 21–3 Uhr | Georgenstr. 119 | Tel. 0178 266 70 50

VERWINKELTE KELLERBAR MIT SEELE

Etwas ab vom Schuss gelegen, aber doch ein echter Volltreffer! In der verwinkelten Kellerbar Call Soul, namentlich angelehnt an die TV-Serie »Better Call Saul«, läuft ein ziemlich geiler Film. Der erste Hingucker ist der Bartresen, der nicht an der Wand endet, sondern sich wie eine Spirale über die Köpfe der Gäste hinweg in den nächsten Raum schlängelt. Zweiter Eyecatcher sind die interessant angerichteten Drinks, die schon mal im Totenkopf-Glas kommen oder mit überbordender Pflanzenpracht serviert werden. Die Jungs haben immer wieder amüsante Ideen, mit denen sie auch ihre hauseigenen Spirituosen im besten Licht erscheinen lassen.

CALL SOUL

Schwabing-Freimann | www.call-soul-restaurant-und-bar-schwabing.de | Mo–Do 18–23, Fr/Sa 18–2 Uhr | Biedersteiner Str. 6 | Tel. 089 45 20 66 55

FEIERABEND MIT FERNBLICK

So unscheinbar der Eingang ist, an dem man schon mal vorbeiläuft, so traumhaft lässt es sich auf der Dachterrasse chillen. Und wenn es dazu dann noch feinste Kreationen von den Mixologen des Hauses gibt, wie von Robin Bruderhofer, dann kann an dem Abend nichts mehr schiefgehen. Der Signature Drink: Wanderlust Sour.

FLUSHING MEADOWS

Isarvorstadt | flushingmeadowshotel.com/bar | Barbetrieb tgl. 17–2 Uhr | Fraunhoferstr. 32 | Tel. 089 55 27 91 70

SPIEGLEIN, SPIEGLEIN AN DER WAND

Eine Bar wie aus dem Möbeldesigner-Katalog? Das Mirror wirkt dank einer Kooperation mit dem Designhaus Kare tatsächlich wie frisch aus dem Katalog geschlüpft. Plüschige Sessel und Sitzbänke, extravagante Lampen an Decken und Wänden, viel kühles Metall und natürlich jede Menge Spiegel. Nomen est omen. Spezialität des Hauses sind die sieben »Chakra Drinks«, die jeweils andere Energiezentren im Körper beeinflussen sollen, gemäß der Lehre des tantrischen Hinduismus.

MIRROR MUNICH BAR

Schwabing-Freimann | www.mirror-munich.de | Di–Do 18–1, Fr/Sa 18–2 Uhr | Occamstr. 7 | Tel. 089 38 99 96 36

CLUB-HOPPING

Lass sie raus, die Dancing Queen

POP-ART-CLUB

Zwei Seelen in einer Brust verspürte nicht nur Goethes Faust, sondern auch Andy Warhol. Er wandelte innerlich zwischen Dracula und Cinderella, kurz Drella, hin und her. Durchgeknallte Performances waren zudem eine Spezialität der Pop-Art-Ikone. So passt der Name gut zum Club am Maximiliansplatz, der mit verkleidetem und geschminktem Personal und amüsanten Showeinlagen jede Menge Farbe ins Nachtleben bringt.

➔ CALL ME DRELLA

Maxvorstadt | www.drella.de | Do–Sa ab 22 Uhr | Maximiliansplatz 5 | Tel. 0174 6 11 99 99

INDIE-WOHNZIMMER

Polstersessel neben Jetski, Riesenfensterfronten vs. Holzdecke mit Glühbirnen im Karussell-Look – das ist ja mal eine kontrastreiche Einrichtung! Musikalisch suchen die DJs auch eher die Nische und tauchen tief in die Indie-Schublade hinab, manchmal schürfen sie nach den Schätzen der 90er. Ab und zu stellen sich auch hörenswerte Bands ins Rampenlicht.

➔ CORD CLUB

Ludwigsvorstadt | www.cord-muenchen.de | Mi–Sa 23–5 Uhr | Sonnenstr. 18 | Tel. 089 54 54 07 80

Kennen wir uns?

Egal, wer du bist, just Call me Drella

VOM BLITZ GETROFFEN

Im Frühjahr 2017 ist der Blitz im Deutschen Museum eingeschlagen. Im ehemaligen Forum der Technik kocht erst der Chef de Cuisine im Restaurant und anschließend die Stimmung im Club, der der mp3-Generation dank eines ausgeklügelten Klangkonzeptes 1A-Musikgenuss verspricht. Zwei getrennte Dancefloors mit vorwiegend elektronischer Musik und ein großer Barbereich verwandeln die museale Umgebung in einen lässigen Underground-Spot.

BLITZ CLUB

Au | www.blitz.club | Fr/Sa ab 23 Uhr | Museumsinsel 1

JUMP!

Mit der einstigen Weltrekordweite von Weitspringer Bob Beamon (8,90 Meter) würde man hier geschätzt auch von der Bar bis ans oft prominent besetzte DJ-Pult springen. In der familiären, schummrig beleuchteten und high-fidel beschallten Location hüpfen am Samstag die Hip-Hopper, am Freitag schwingen die House-Elektroniker die Hüften, manchmal auch genau andersrum. Und ein Blick auf die Wetter-App verrät, ob man auch die schöne Terrasse auskosten kann.

BOB BEAMAN

Maxvorstadt | www.bobbeamanclub.com | Fr/Sa ab 23 Uhr | Gabelsbergerstr. 4

CRUXIFIX!

Hip-Hop der neuesten Bauart unter einem 800 Jahre alten Kreuzgewölbe. Gegensätze ziehen sich eben an. Das merkt man vor allem am ›Mixwoch‹. An diesem Abend schicken die DJs Punk, Oldies, Funk, Hip-Hop und was ihnen sonst noch einfällt, einfach mal wild durcheinander ins Rennen und erzeugen so verdutzte bis beseelte Gesichter bei der wogenden Crowd vor ihnen.

CRUX

Altstadt-Lehel | www.crux.me | Mi–Sa ab 23 Uhr | Ledererstr. 3 | Tel. 089 23 23 29 73

Macht glücklich

Musik hören, chillen, feiern im Lucky Who

IMMER WAS LOS

Die Milchbar hat die 20 schon geknackt! Seit über zwei Jahrzehnte existiert der Flirttempel nun schon an wechselnden Orten in der Stadt. Die dominierende Farbe Rot ist in all den Jahren geblieben, gibt halt einfach einen schönen Teint auf der Tanzfläche unter der beweglichen, durchlöcherten Decke. Weiterer Pluspunkt: Hier ist auch unter der Woche was los, egal ob am Blue Monday oder am Milchbar-90-Donnerstag.

MILCHBAR

Altstadt-Lehel | | Mo–Sa ab 22 Uhr | Sonnenstr. 27 | Tel. 089 45 02 88 18

TERRASSE NACH MITTERNACHT

Glücklich, wer mitten in der Stadt im Sommer auf einer Terrasse, umgeben von beleuchteten Blumentöpfen im Großformat, eine laue Sommernacht genießen kann. Im anwohnerarmen Block, in dem sich das Lucky Who befindet, ist das erfreulicherweise möglich. Innen: stilvoll gelassene Gestaltung, bei der von Restaurant, Bar bis hin zur Chill-Lounge alles bedient wird. Das Lucky Who hat seine Küche aufgerüstet und bietet jetzt INSIDER TIPP auch Fine Dining zwischen Saiblingsfilet und Mangalica-Schwein.

LUCKY WHO

Maxvorstadt | www.luckywho.de | Di/Mi 18–1, Do, Fr/Sa 18–4 Uhr | Briennerstr. 14 | Tel. 089 20 92 20 71

SCHWUL UND COOL

Die letzte explizite Schwulen-Disko der Stadt residiert inzwischen am Alten Botanischen Garten neben dem Justizpalast. Kapazität ging durch den Umzug zwar ein wenig verloren, aber dafür hat der NY.Club an Charme eher noch gewonnen. Intime Räumlichkeiten, schön verwinkelt auf mehreren Ebenen angelegt und dazu eine wunderbare Terrasse mit Bäumen. Frischluft schnappen mit einem Drink in der Hand ist hier also kein Problem. Und an der Außenbar gibt's jederzeit Nachschub.

NY.CLUB

Maxvorstadt | www.nyclub.de | Fr/Sa ab 23 Uhr | Elisenstr. 3

HOHE VIDEOKUNST MIT BEATS

Da waren wohl echte Krimifans zugange. Ein Club, der nach TV-Kommissar Derricks Assistent benannt ist. Der Spannungsbogen stimmt hier auf jeden Fall und dieser ominöse Harry Klein taucht auch deutschlandweit in den Bestenlisten auf. Das feine elektronische Booking und die optischen Reize, die von wechselnden Visual Artists live an die meterhohe Wand im DJ-Eck projiziert werden, spielen da sicherlich eine Rolle.

HARRY KLEIN

Ludwigsvorstadt | www.harrykleinclub.de | Mi–Sa ab 23 Uhr | Sonnenstr. 8 | Tel. 089 40 28 74 00

CLUB-VETERAN

Über 100 000 Facebook-Fans und rekordverdächtige 34 Jahre hat das P1 auf dem Buckel, den Türstehern können manche Gäste aber wie eh und je den Buckel herunterrutschen. Die Einlassregularien sind zwar durchlässiger als in den 80ern, aber ein bisserl schick ist immer noch angesagt. Nach dem Überwinden dieser Schwelle stellt sich die Frage, welche der zwei Areas musikalisch genehm ist. Im Zweifel ist es die echt schöne Terrasse im Sommer.

➔ **P1**

Altstadt-Lehel | **www.p1-club.de** | **Di–So ab 23 Uhr** | **Prinzregentenstr. 1** | **Tel. 089 2 11 11 40**

HOLZ-BANK-SAUNA

Alles holzvertäfelt, nomen est omen. Kaum zu fassen, dass in den Räumen der Sauna mal eine Bank residierte. Euros wechseln hier immer noch den Besitzer, sie werden aber ausschließlich gegen Flüssiges eingetauscht. Aus den klangvollen Boxentürmen kommen währenddessen ordentliche Druckwellen, überwiegend hervorgerufen von partytauglicher Musik aus den 1990er-Jahren. Wer sich mit seinem Flirt vernünftig unterhalten möchte, geht lieber raus auf die kleine Innenhof-Terrasse.

➔ **SAUNA**

Maxvorstadt | **www.s-a-u-n-a.de** | **Mi–Sa ab 22 Uhr** | **Marsstr. 22** | **Tel. 0170 2 74 07 60**

AFTERHOUR-DAUERBRENNER

So wie ein Marathon nicht nach 10 Kilometern zu Ende ist, erstrecken sich auch die Nächte im Palais seit nunmehr 16 Jahren bis in die Mittagszeit. Also Afterhour bis die Füße weh tun, denn die werden ordentlich beansprucht, wenn die House-Meister ihre elektronischen Schaltkreise zusammenbauen und magnetische Kräfte auf dem Dancefloor wirken. Allzu frühe Vögel landen übrigens noch im leeren Käfig, während ausdauernde Spätstarter einen Käfig voller Narren erleben.

➔ **PALAIS**

Maxvorstadt | **www.palais.de** | **Fr/Sa ab 23.59 Uhr** | **Arnulfstr. 16–18** | **Tel. 089 51 26 72 95**

RIESIGES DANCE-MEKKA

Im raumschiffartigen Bau namens Zentraler Omnibusbahnhof fahren nicht nur die Busse ab, sondern unterirdisch auch die Partygäste auf mitreißende Dance-Beats. Auf vier Areas sind verschiedene Mischpult-Meister am Werk, um die Massen in Ekstase zu versetzen. Vor allem für Fans von großen Acts wie Felix Jaehn, The Chainsmokers, Chuckie oder Laserkraft 3D hat sich der Neuraum zum echten Mekka entwickelt.

➔ **NEURAUM**

Maxvorstadt | **www.neuraum.de** | **Fr/Sa ab 22.30 Uhr** | **Arnulfstr. 17** | **Tel. 089 3 81 53 89 99**

ATEMLOS UNTER DER DISKOKUGEL

Früher war alles besser. Ach was! Die farbenfrohe Disko Helene erinnert ein wenig an vergangene Zeiten, als an der Münchner Freiheit noch das Nachtleben tobte. Die Musik von damals erklingt zwar nur noch vereinzelt, statt dessen sind die 90er- und die Nuller-Jahre ganz weit vorn. Der Flirtstimmung unter der riesigen Diskokugel ist das durchaus zuträglich. Und wer mag, kann sich vorm Tanzen im dazugehörigen Restaurant noch schmackhaft stärken.

➔ **HELENE**

Schwabing-Freimann | **helene-liebt-dich.de** | **Do ab 21, Fr/Sa ab 23 Uhr** | **Occamstr. 5** | **Tel. 089 74 03 52 09**

Abtauchen
im Nachtbad, bis der Morgen graut

EIN BISSCHEN IBIZA-FEELING

Etwas Ibiza-Partyfeeling gefällig? Eine kleine Dosis davon bekommt man in München am ehesten im renovierten Pacha, auch wenn das verrückte Insel-Nachtleben schwer zu toppen ist. Aber immerhin sind im renovierten Pacha große DJ-Stars am Start, die Gogo-Tänzerinnen überaus ansehnlich und die Terrasse verbreitet zumindest im Sommer etwas Urlaubsflair. Bei plötzlichem Late-Night-Hunger bietet die Pizza im überdachten Wintergarten eine wohlschmeckende Lösung.

➔ PACHA

Maxvorstadt | www.pacha-muenchen.de | Do ab 18.30, Fr/Sa ab 23 Uhr | Maximiliansplatz 5 | Tel. 089 309050850

UNTERIRDISCHE FEUCHTGEBIETE

Eine ehemalige Schwulensauna hat sich Anfang 2017 in einen schwülen Mix aus Bar und Club verwandelt. Der Name Nachtbad ist gut gewählt, zahlreiche Reminiszenzen an die Vergangenheit wie die Spinde blieben bestehen, aus dem Duschkopf im Clubraum rauscht sogar noch Wasser. Das feuchte Klima in den verwinkelten Räumlichkeiten kann man im eigenen Leib wunderbar mit Longdrinks oder Bierchen nachahmen und dabei zu den funky Hip-Hop-Beats ordentlich mitwippen.

➔ NACHTBAD

Isarvorstadt | www.nachtbad.de | Fr/Sa ab 22 Uhr | Müllerstr. 54 | Tel. 0172 1066687

Mädels-tour

Heut bleiben die Kerle zuhause

Aperitivo in der charmanten Gamsbar von Schuh-Maestro Ed Meier. Ein wenig Grundlage kann sicher nicht schaden: fleischige oder fischige Canapées oder eine kleine Käseplatte, dazu einen Apero Gamserl mit Lillet Rosé, Prosecco, Cranberrysaft, Soda, Orange, Gurke und Minze. So kommt frau gut aus den Startlöchern.

1 GAMSBAR

Maxvorstadt | www.facebook.com/gamsbar | Mo–Sa 11.30–22 Uhr | Briennerstr. 10 | Tel. 089 22 50 04

19.00 UHR

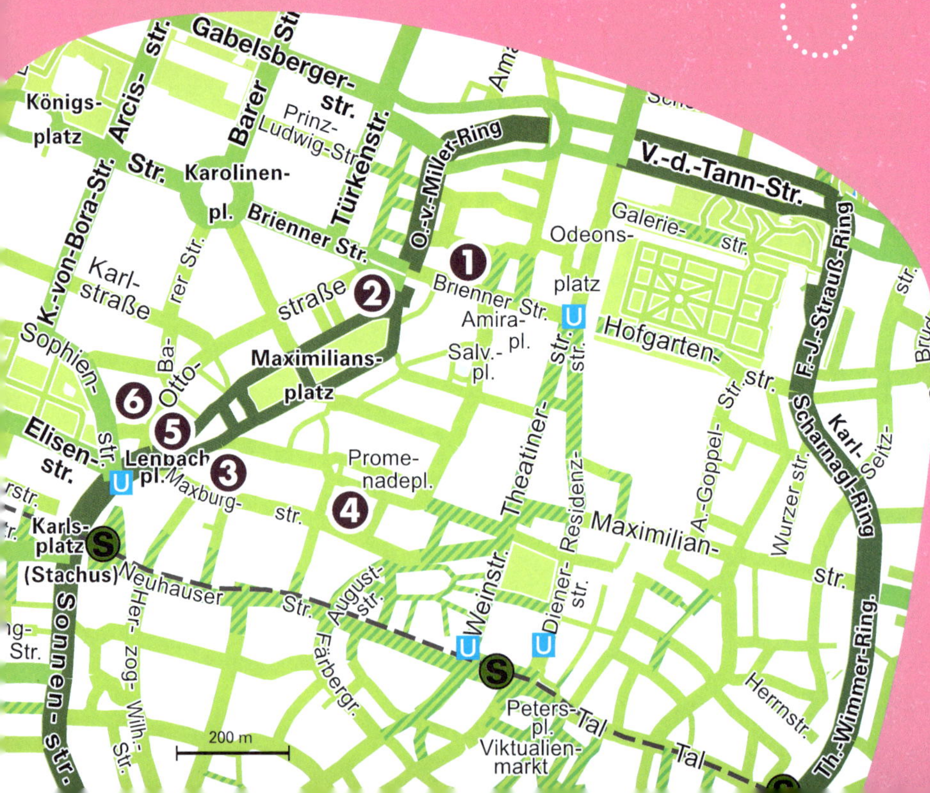

Die Klimentis Bar ist bloß 200 Meter Luftlinie entfernt, das ist sogar mit Highheels machbar. Ein groovender Gruß vom DJ zur Rechten, links liegt die lange Reihe Tische, in der Mitte die Bar mit dem offenherzigen Gastgeber Mete Klimenti. Darf's gleich ein Mete's Spritz (mit Sekt, frischem Ingwer und Rosmarin sowie hausgemachtem Ingwer- und Mangosirup) sein?

❷ KLIMENTIS BAR

Maxvorstadt | Di–Sa 17–2 Uhr | Maximiliansplatz 9 | Tel. 0152 53 63 64 87

20.30 UHR

Der Herzog wartet am anderen Ende des Maximiliansplatzes mit extravaganten Drinks und köstlichem Barfood (wie etwa Guacamole mit Mango und Mozzarella) für den zweiten Hunger. Für vier bis sechs Mädels geradezu ideal sind die Cocktails to share, zum Beispiel der Garden Gin Tonic aus einer dekorativen Gießkanne oder der Pimm's Cup.

❸ HERZOG

Altstadt-Lehel | www.herzog.bar | Mo–Mi 10–1 Uhr, Do 10–2 Uhr, Fr/Sa 10–3 Uhr | Maxburgstr. 4 | Tel. 089 29 16 10 29

21.30 UHR

300 Meter weiter östlich wird's orientalisch mit dem Kismet und der dazugehörigen Kasbah Bar in der 1. Etage. Cocktails wie der pinienkernige Beirut Punch oder der Damaskus Daisy mit Jasmin-Infusion zitieren dementsprechend auch den Nahen Osten. Die DJs orientieren sich dann aber doch lieber an westlicher Clubmusik.

❹ KASBAH BAR IM KISMET

Altstadt-Lehel | www.kismet.cc | Do–Sa 20–2 Uhr | Löwengrube 10 | Tel. 089 22 03 52

22.30 UHR

Die Frisur sitzt noch oder wieder, der Lippenstift ist nachgezogen. Gut so, denn ab jetzt schauen die Türsteher genauer hin. Im pulsierenden Heart ist das Essen schon verdaut, die Stimmung im Barbereich steigt auch dank der Motivationsspritzen des DJs minütlich. Jetzt vielleicht mal den Cocktail des Monats probieren?

❺ HEART

Maxvorstadt | www.h-e-a-r-t.me | Di/Mi 19–1, Do 19–3, Fr/Sa 19–5 Uhr | Lenbachplatz 2 | Tel. 0160 90 90 02 24

23.30 UHR

Auch wenn die Füße schon etwas weh tun, ein paar Hüftschwünge sind ja wohl noch drin, oder? Das Enter The Dragon liegt praktischerweise auch gleich vis-à-vis vom Heart. Heute bleibt das Vietnam-Restaurant mal außen vor, dafür stellt sich die Frage: Lieber die Stimmbänder strapazieren beim Karaoke oder die Beine ausschütteln im Musikclub?

❻ ENTER THE DRAGON

Maxvorstadt | www.enter-the-dragon.de | Lenbachplatz 1 | Tel. 0176 22 32 60 00

1.00 UHR

Betrunken in Spelunken

Die dunkelsten Theken der Stadt

Egal ob's draußen regnerisch oder trocken ist, im Ungewitter bei Wirtin Charlotte geht schnell die Sonne auf. Der Elsässer Flammkuchen bietet eine gute Grundlage und saugt die Biere (sechs Sorten zur Wahl) quasi auf. Bevor's weitergeht, unbedingt noch ein Abschiedslied an der alten Musikbox auswählen. Oldies are Goldies!

❶ UNGEWITTER

Maxvorstadt | www.facebook.com/ungewitterbeicharlotte | Di–Sa 20 Uhr bis open end | Arcisstr. 62 | Tel. 089 2715196

21.00 UHR

Aufgepasst! Wer noch nicht im Pomp war, dem schwatzt der Türsteher gerne mal eines seiner Bücher auf, um sein Honorar aufzubessern. Die wichtigste Prosa des Abends ist hier aber eindeutig der Flirtspruch. Denn in der engen, stimmungsvollen Partybar stehen die Zeichen ganz klar auf Kennenlernen und Körperkontakt.

❷ POMP

Schwabing-West | www.pomp-bar.de | Do–Sa 21–5 Uhr | Georgenstr. 50 | Tel. 089 2711889

22.00 UHR

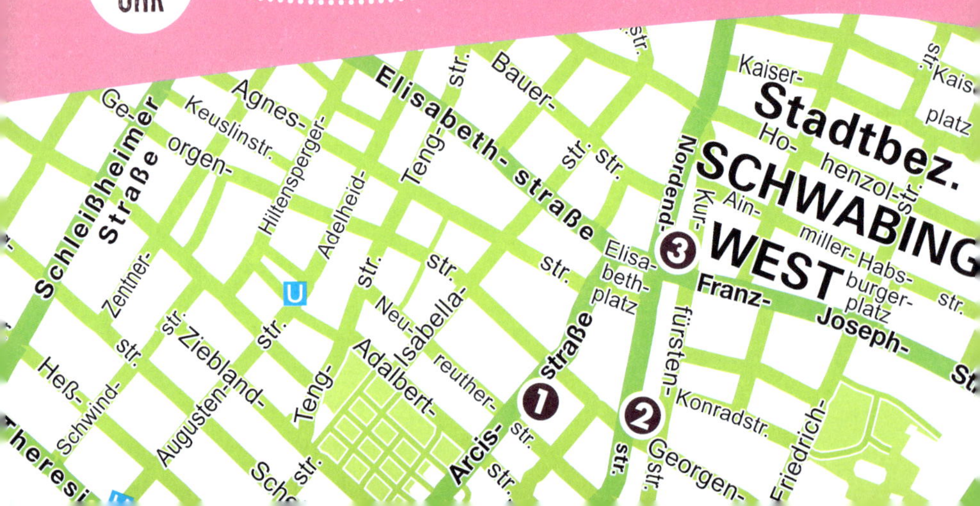

23.00 UHR

Nach der drangvollen Enge im Pomp wird's 500 Meter weiter nördlich wieder etwas entspannter. In der Barculina verkehrt eine amüsante Mischung aus Bordsteinschwalben, Bohemiens, Buchautoren und Bandmitgliedern, die den Abend mehrere Getränkerunden lang ausklingen lassen.

3 BARCULINA

Schwabing-West | www.facebook.com/Barculina | tgl. 17–3 Uhr | Franz-Joseph-Str. 48 | Tel. 089 28 67 33 99

24.00 UHR

Kleiner Ortswechsel, vom Elisabethmarkt rüber zur Münchner Freiheit. Jetzt ist erst mal eine starke Bühnenperformance gefragt beim Karaoke in der Hopfendolde. Oder doch lieber etwas Kneipensport? Fragt sich nur noch, ob Darts, Kicker oder Billard. Günstig ist hier auf jeden Fall die Maß Bier, der Liter Tegernseer kostet gerade mal 6,50 Euro.

4 HOPFENDOLDE

Schwabing-Freimann | www.hopfen-dolde.de | tgl. 10–5 Uhr | Feilitzschstr. 17 | Tel. 089 33 36 22

1.00 UHR

Beschwingt geht's rüber in den Neuen Hut, der in den 80ern mal ein alter war, aber auf jeden Fall eine richtige Altschwabinger Kultkneipe. Wirt Hans und seine Ladies sorgen zuverlässig dafür, dass der Flüssigkeitshaushalt reguliert wird, und die DJs gehen ohne stilistische Berührungsängste in die Vollen.

5 ZUM NEUEN HUT

Schwabing-Freimann | www.facebook.com/zumneuenhut | Di–Sa ab 20 Uhr | Feilitzschstr. 11 | Tel. 089 38 99 77 99

2.00 UHR

Zum krönenden Abschluss geht's hinunter in eine legendäre Kneipe, die sogar einen Wikipedia-Eintrag hat, dafür keine Website. Gewölbe, Gitarrensound und Gerstensaft – das ist die Nacht für Nacht gültige Dreifaltigkeit. Hier verquatscht man sich schnell und kommt erst wieder nach oben, wenn die Vöglein pfeifen.

6 SCHWABINGER 7

Schwabing-Freimann | www.facebook.com/Schwabinger7 | Mo–Do 20–4, Fr/Sa 20–5, So 20–2 Uhr | Feilitzschstr. 15 | Tel. 089 33 24 27

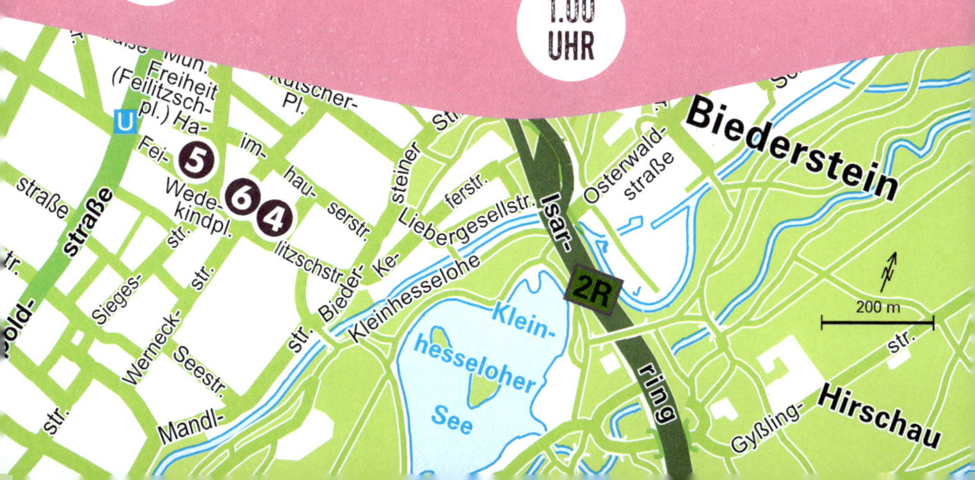

Beats & Bässe

Hier gibt's was auf die Ohren

Irish Pub, Sportsbar, Livebühne und Restaurant – das Kennedy's ist alles unter einem Dach. Und im Sommer lockt auch noch ein Biergarten im Freien. Los geht's! Erst mal einen 1,5-Liter-Pitcher Bier (fünf Sorten zur Wahl) und dazu einen der Fingerfood-Baskets oder echte Insel-Klassiker wie Irish Stew oder Shepherd's Pie zum Essen.

❶ KENNEDY'S

Altstadt-Lehel | www.kennedysmunich.com | Mo–Do 11–2, Fr/Sa 11–3, So 11–1 Uhr | Sendlinger-Tor-Platz 11 | Tel. 089 59 98 84 60

19.30 UHR

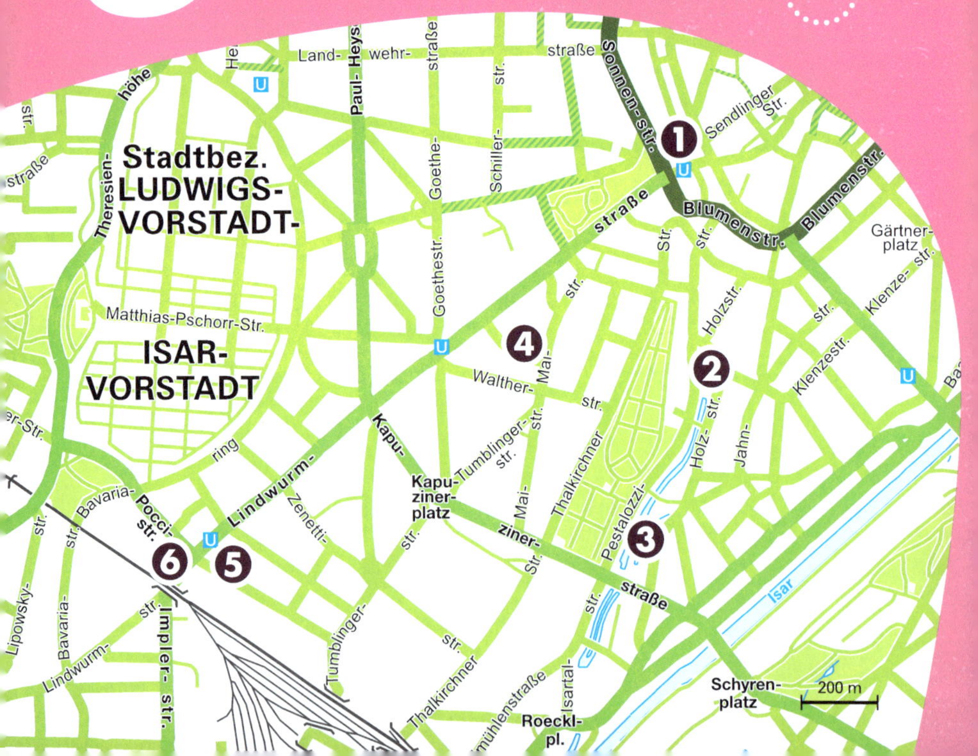

Gut gestärkt geht's mitten ins Glockenbachviertel in den Indie-Liveclub Milla. Gut, wenn man noch keine Schlagseite hat, denn der Raum ist gekrümmt wie eine Banane und fällt zur Bühne hin ab. Bier und Co gibt's am oberen Ende. Die Bands legen spätestens um 21 Uhr los, gegen 23 Uhr sind die DJs am Zug.

❷ MILLA

Isarvorstadt | www.milla-club.de | So–Do 19.30–2, Fr/Sa 19.30–4 Uhr | Holzstr. 28 | Tel. 089 18 92 31 01

20.30 UHR

Die nächste Station, das lässige Kooks, liegt 500 Meter weiter südlich. Laut Eigendefinition dreht es sich dabei um eine »Kneipe für betreutes Trinken«. Die Betreuung fällt oftmals tänzerisch (Burlesque-Shows), komisch (Stand-up-Comedy) oder reinrassig musikalisch aus, wenn die DJs an den Reglern stehen.

❸ KOOKS

Isarvorstadt | www.kooksbar.com | Mo–Do 19–1, Fr/Sa 19–3 Uhr | Geyerstr. 18 | Tel. 0176 98 44 18 16

22.00 UHR

Next! Das Flex ist seit 25 Jahren eine Untergrund-Institution. Der Name sagt schon etwas über die Musik aus: Punkrock-, Metal- und Alternative-Sounds sind an der Tagesordnung. Die Getränke sind für Münchner Verhältnisse günstig – nach dem Motto »großer Rausch, kleiner Preis«. Ach ja, kickern kann man auch.

❹ FLEX

Isarvorstadt | www.flex-muenchen.de | So–Do 20–1, Fr/Sa 20–3 Uhr | Ringseisstr. 11a | Tel. 089 99 01 67 88

23.00 UHR

Noch so ein Vierteljahrhunderter unter Münchens Kneipen und Liveclubs, das Substanz. Gute Musik, dazu aufgeschlossene, alternativ angehauchte Zeitgenossen zum Quatschen und die komplette Getränkepalette von Bier über Longdrinks bis zu Experimenten wie Whisky mit Zimtaromen.

❺ SUBSTANZ

Isarvorstadt | www.substanz-club.de | So–Do 20–2, Fr/Sa 20–3 Uhr | Ruppertstr. 28 | Tel. 089 7 21 27 49

24.00 UHR

Zu guter Letzt noch ein bisschen shaken? Schräg gegenüber tanzen schon die Indierockfans im Strom, in dem sowohl Livekonzerte als auch Clubabende mit DJs steigen. Also nichts wie los! Die Soundanlage ist fein austariert, sodass die Tänzer wirklich unter Strom stehen. Faire Preise, ein toller Ausklang.

❻ STROM

Ludwigsvorstadt | www.strom-muenchen.com | tgl. ab 20 Uhr (bei Konzerten) | Lindwurmstr. 88 | Tel. 089 24 20 57 11

1.00 UHR

Heißer Draht in die 68er: Johannis Café

RITT AUF DEM EINHORN

Einhorn im Sweet Club statt Gecko. Der Gecko Club ist Geschichte, süß geht's seit Frühjahr 2017 weiter im Kellerclub am Maximiliansplatz 5. Okay, das Süßigkeiten-Motto ist schon ein bisschen ausgelutscht, aber die Idee mit der Einhorn-Bar ausschließlich für Mädels ist ganz charmant und dank lebensgroßer Fabelfigur ein echter Selfie-Magnet. Die Jungs dürfen sich währenddessen auf zwei Areas zu Oldschool-Hip-Hop, Blackbeat und Neunziger- und Nuller-Jahre-Sound austoben.

➔ **SWEET**

Maxvorstadt | www.sweet-club.de | Fr/Sa ab 22.30 Uhr | Maximiliansplatz 5 | Tel. 089 59 99 89 99

SONNENSCHEIN IM UNTERGRUND

Im Dunkeln ist gut munkeln und im Keller strahlen wir heller. Das sagen sich die Rote-Sonne-Anbeter seit einem Dutzend Jahren und steigen auch im Hochsommer gern die Stufen runter in den Untergrund. Die Elektro-Peitsche knallt dort aber auch zu schön aus der gut ausgesteuerten Anlage. Wer sich zwischendurch doch mal Frischluft zuführen möchte, verzieht sich einfach auf die kleine Terrasse.

➔ **ROTE SONNE**

Maxvorstadt | www.rote-sonne.com | Mi–Sa ab 23 Uhr | Maximiliansplatz 5 | Tel. 089 55 26 33 30

ABSACKER

Einer geht noch!

SKURRILE ZEITREISE

Alt-68er-Flair im schicken München? Ab ins Johannis Café! Alternative und mit dem Laden gealterte Stammgäste sitzen auf krummen Holzstühlen, vor sich ein Weißbier und ein Teller Schinkennudeln, um sich herum gerahmte Erinnerungen und kunterbunter Krimskrams an den Wänden. Wie eine andere Welt, einfach herrlich skurril und auch nach Mitternacht noch nicht ermattet.

JOHANNIS CAFÉ

Haidhausen | Mi–Mo 9–2 Uhr | Johannisplatz 15 | Tel. 089 4 80 12 40

DER RENNER FÜR KENNER

Auch im südlichsten Zipfel des Glockenbachviertels haben Ernas Eckkneipe und Bernis Boazn inzwischen ausgedient. Die Jugend hat das Ruder übernommen. Das Rennsalon-Kollektiv hat sich eine simple, ehemalige Bierstube unter den Nagel gerissen, dabei aber den alten, holzvertäfelten Charme zum Glück erhalten. INSIDER TIPP Unbedingt das jeweilige Monatsbier probieren, da kann man echte Entdeckungen machen und craftig feiern.

RENNSALON

Isarvorstadt | www.rennsalon.de | Di–Do 20–1.30, Fr/Sa 20–3 Uhr | Baldestr. 13 | Tel. 0176 38 32 37 34

IM 7. BÜSTENHALTER-HIMMEL

Sehnsucht nach Bier, Motorrädern, Tattoos und Lederjacken? Dann bist du in der etwas an einen Westernsaloon erinnernden Bar Sehnsucht goldrichtig. Anstelle von harten Rockern trifft man in der Kneipe im Univiertel aber eher auf smarte Jungs mit Hipsterbart, deren Herz angesichts des »BH-Himmels« überm Tresen höher schlägt. Oder auch, weil hier Fußball übertragen wird.

BAR SEHNSUCHT

Maxvorstadt | www.bar-sehnsucht.de | Di/Mi 18–2, Do–Sa 18–3 Uhr | Amalienstr. 26

SPASSIGE SPELUNKE

Schön, dass es noch »naturbelassene« Eckkneipen gibt! Okay, von Natur ist hier wenig zu sehen, im betonierten Unterführungswirrwarr im Schlachthofviertel. Aber der Charme vergangener Tage ist in der außen mit Graffitis verzierten Gruam definitiv zu spüren. Ramponierter Tresen, viel Nippes zum Schmunzeln an den Wänden und dazu gibt's Bier und Kurze für die langen Jungen, die den Laden inzwischen erobert haben. Die DJs wiederum erobern die Herzen meist mit Elektro oder Reggae – und das bis 5 Uhr früh.

ZUR GRUAM

Isarvorstadt | www.facebook.com/Zur-Gruam | Mi–Do 20–5, Fr/Sa ab 21–5 Uhr | Thalkirchner Str. 114

ACH, DU LIEBER VALENTIN!

Altes Stüberl, junge Büberl. Auch hier funktioniert die freundliche Übernahme durch den Gastro-Nachwuchs ganz hervorragend. Vor der waldigen Fototapete finden sich Abend für Abend lässige und kontaktfreudige Menschen in den Zwanzigern, Dreißigern und Vierzigern ein, um ihr Bierchen zu zischen oder dem Ball auf der Leinwand hinterherzuschauen. Die DJs stehen währenddessen hinter der Bar vor dem Hanfgarten-Straßenschild und beweisen ein gutes Händchen bei der Auswahl hörenswerter Preziosen.

VALENTIN STÜBERL

Isarvorstadt | www.valentinstueberl.com | Mo–Do 18–1, Fr/Sa 18–2 Uhr | Dreimühlenstr. 28 | Tel. 089 76757058

NICHT NUR WODKA

Hört, hört! Das »Abendbistro für franko-slawophiles Trinkvergnügen« ist nicht nur für zwei oder drei Feierabend- oder Geisterstundebierchen prädestiniert, sondern auch ein Hort der Cocktailkultur, seit Barmann Daniel Richter das Zepter bzw. den Shaker schwingt. Von Donnerstag bis Samstag lockt die Versuchung im Salon Irkutsk in Form von feinen Drink-Mixturen. Die verführerische Palette reicht von allerlei Wermut-Variationen bis zum **INSIDER TIPP** experimentellen Apfelstrudel-Highball.

SALON IRKUTSK

Schwabing-West | www.salonirkutsk.de | tgl. ab 18 Uhr | Isabellastr. 4 | Tel. 089 59998999

CHARMANTE HÖHLE DES LÖWEN

Etwas abseits und versteckt gelegen, so wie es Mafia-Pate Don Corleone am liebsten mag, läuft die Kunst-Location und Musikbar immer ein wenig unterm Radar. Dabei ist das Kultur-, Liveband- und DJ-Programm eine runde Sache ohne teure Schutzgelder (gilt auch für die Getränke). Und wer sich explizit dazu bekennen mag, kann sogar aus einer eigenen Shirt-Kollektion mit dem typischen Löwenkopf als Logo wählen. Warum der Löwe? Weil »Corleone« im Italienischen auch »Löwenherz« bedeutet.

CORLEONE

Ludwigsvorstadt | www.corleone.cc | Mo 18–1, Di–Do 17–1, Fr 17–3, Sa 20–3 Uhr | Sendlinger-Tor-Platz 7 | Tel. 0178 7888220

BLOODY-MARY-BLUES

Da Wolfgang Götz USA-Fan mit Faible für Rhythm'n'Blues-Musik ist, hat er eine Kneipe im American Style erschaffen. Bourbon und Whisky gehen mit Bier und Blues eine spannende Liaison ein, die den nicht ganz so blutjungen Gästen gut gefällt. Auch schön: die Experimentierfreude der Barkeeper, zum Beispiel die INSIDER TIPP Bloody-Mary-Varianten.

➔ ZUM WOLF

Isarvorstadt | www.zumwolf.com | So–Do 18–1, Fr/Sa 18–2 Uhr | Pestalozzistr. 22 | Tel. 0163 8 87 87 87

STANGENTANZ

Willkommen, bienvenue, welcome im ehemaligen Cabaret! Leicht bekleidete Damen und leicht entflammbare Herren gehören inzwischen nicht mehr zum Standard, aber die altbewährte plüschig-sündige Einrichtung und die Tanzstange zum Rekeln sind geblieben. Spontane Poledancer werden übrigens auch gerne mal mit Hochprozentigem belohnt. Vor allem die Mottopartys (zum Beispiel Neon oder Deutschrap) und die Burlesque-Abende sind der Knaller. Kurz: Feiern bis zum Morgengrauen!

➔ PIGALLE

Isarvorstadt | www.pigalle-muenchen.de | Fr/Sa 21–5 Uhr | Thalkirchner Str. 23 | Tel. 0172 7 93 06 82

Herein-spaziert
Willkommen im Salon Irkutsk

Bühne frei

Im Ratchada hat die Thai-Küche ihren großen Auftritt, manchmal singen aber auch die Gäste

Wo gibt's noch was zu essen?

HUNGER NACH MITTERNACHT

KOSMISCHE BURGER

Fast Food in der schicken Variante. Die Gourmet-Burger (zum Beispiel Wagyu-Rind oder Languste) und andere Grillspezialitäten in Bio-Qualität werden hier bis in die frühen Morgenstunden kredenzt. Die Saucen sind praktisch alle selbst gemacht, die Wedges rosmariniert, das Brot frisch gebacken. Letzte Bestellung: 30 Minuten vor dem Zapfenstreich!

➔ COSMOGRILL

Altstadt-Lehel | www.cosmogrill.de | Mo–Mi 12–24, Do 12–3, Fr/Sa 12–6, So 15–21 Uhr | Maximilianstr. 10 (Eingang Falkenturmstraße) | Tel. 089 89 05 96 96

PUB SATT

Es heißt ja immer, Bier wäre auch ganz schön nahrhaft. Und für Guinness, Kilkenny und Co gilt das sicher ganz besonders. Im Dubliner Irish Pub am Platzl kann man sich aber spätnachts auch noch etwas Handfestes einverleiben, also typische Spezialitäten von der Grünen Insel und aus dem weiß-blauen Freistaat. Auf die irisch-bayerische Freundschaft!

➔ DUBLINER IRISH PUB

Altstadt-Lehel | www.dubliner-irishpub.de | tgl. 11–5 Uhr | Platzl 2 | Tel. 089 23 07 64 07

KARAOKE UND THAI-CURRY

Wem in der Nacht gleichzeitig nach Essen und Singen zumute ist, der sollte das Ratchada ansteuern. Hier läuft nicht nur täglich ab 23 Uhr das Mikro heiß, auch die Küche bleibt warm. Von Tom-Kha-Gai-Suppe bis zur Ente in rotem Curry weckt der Koch bis 4 Uhr die Lebensgeister. Auch die Cocktail-Auswahl ist üppig und preiswert. Also dann, rauf auf die Bühne!

➔ RATCHADA

Ludwigsvorstadt | www.ratchada.de | tgl. 15–4 Uhr | Schwanthalerstr. 8 | Tel. 089 4 31 78 59

SPÄTER DÖNER

Immer dieser ominöse Heißhunger um 3 Uhr früh! Am Sendlinger Tor schafft der Alpen Imbiss Abhilfe. Wer jetzt angesichts des Namens Würstel, Schnitzel und Co erwartet, fühlt sich wie im falschen Film, wenn er Döner, Falafel und Börek auf der Tafel liest. Aber egal, schmecken tut's auf jeden Fall.

➔ ALPEN IMBISS

Isarvorstadt | Mo–Mi 10–24, Do 10–1.30, Fr/Sa 10–4, So 10–19 Uhr | Thalkirchner Str. 2 | Tel. 0157 30 06 07 14

HUMMER ZUM FRÜHSTÜCK

Dekadent, aber auch delikat. Das Haus- und Hofgericht in der Burger & Lobster Bank ist ein klassischer Hamburger und ein halber gegrillter Lobster in Kombination. Kostet 39,90 Euro, kommt aber auch bis 4 Uhr an den Tisch für diejenigen, die gerne Hummer frühstücken. Alle anderen können auch kleinere Brötchen backen oder sich an der Buddy Love Bar einfinden, die zum Beispiel Champagner-Cocktails im Silberbecher kredenzt.

➔ BURGER & LOBSTER BANK

Altstadt-Lehel | www.burgerlobsterbank.com | Mo–Mi 18–1, Do 18–2, Fr/Sa 18–open end, So 17–0 Uhr | Prannerstr. 11 | Tel. 0152 27 27 27 82

BAYERISCH TO GO

Was ist ein Bayrito? Die Antwort: ein gezupfter Krustenschweinebraten oder Entenbraten mit Blaukraut und Kartoffelknödel im Wrap. Gibt's im »Schlemmerkucherl« Bazi's, das amüsanterweise von einem Türken und einem Iraner betrieben wird. Wer beim Verzehr um sein weißes Outfit fürchtet, kann vorsichtshalber auch die BaziBox nehmen. Bayerisch to go – nettes Konzept, am Wochenende bis weit in die Nacht.

➔ BAZI'S

Isarvorstadt | www.facebook.com/BaziBox | Di–Do 11.30–20, Fr 11.30–5, Sa 16–5 Uhr | Müllerstr. 43 | Tel. 0176 67 00 25 11

Bayerische Medizin

Weißwurstfrühstück: keine Chance für den Kater

KATER-FRÜHSTÜCK

Rollmops & Co machen wieder froh

DUFTENDER WACHMACHER

Nachts mit Giftstoffen vollgepumpt? Dann morgens die Detox-Keule im Aroma rausholen. Bereits das Kaffee-Aroma ist schon ein Wachmacher nach einer durchzechten Nacht. In der familiären und kunterbunt eingerichteten Aroma Kaffeebar steigt einem der feine Duft gleich in 20 Variationen aus sieben Kaffeesorten in die Nase. Als Begleitung locken ein »liebestolles Müsli«, ein »gut gelaunter Milchreis«, frisches Knusperbrot mit Mamas Marmeladen und viele Leckereien mehr.

AROMA

Isarvorstadt | www.aromakaffeebar.com | Mo–Fr 7–20, Sa/So 9–20 Uhr | Pestalozzistr. 24 | Tel. 089 26 94 92 49

BEIM WEISSWURST-PAPST

Echte Bayern, des san mia! Dazu gehören ja bekanntermaßen auch Weißwürste vor dem Zwölf-Uhr-Läuten – natürlich mit Brezn und süßem Senf sowie einem kühlen Weißbier. Das kontert den Kater garantiert aus. Und wo schmeckt's frühmorgens am besten? Beim Weißwurst-Papst Ludwig Wallner in der urmünchnerisch rustikalen Gaststätte Großmarkthalle.

GASTSTÄTTE GROSSMARKTHALLE

Isarvorstadt | www.gaststätte-grossmarkthalle.de | Mo–Fr 7–17, Sa 7–13 Uhr | Kochelseestr. 13 | Tel. 089 76 45 31

KONTERBRAUSE PLUS MÜSLI

Den Tank schnell wieder auffüllen? Dann hilft die original Münchner Limo Konterbrause mit ihren Elektrolyten und den vielen B- und C-Vitaminen. Im Café Gollier wird sie gern zum Dinzler-Cappuccino genommen, der mit wahren Kunstwerken im Milchschaum verziert wird. Als feste Nahrung empfiehlt sich dazu ein Bircher Müsli. Für Schleckermäuler darf's natürlich auch ein Apfel-Cranberry-Schokokuchen sein.

CAFÉ GOLLIER

Schwanthalerhöhe | www.facebook.com/cafegollier | Mo–Fr 8–18.30, Sa/So 9–20 Uhr | Gollierstr. 36 | Tel. 089 20 18 88 86

WOCHENENDE – GANZ GEDIEGEN

BRUNCH'N' BREAKFAST

Raus aus den Federn, ran ans Buffet

MONACO DI BAVIERA

Eine prima Brunch-Empfehlung für den Sonntag – Achtung, reservieren: Alleine wegen des toskanischen Schweinebratens kommen die Fans nämlich mittlerweile von überall her! Der ist in seiner italienisch-bayerischen Façon einzigartig und kommt zum Sonntagsbrunch mit auf den Tisch. Und wenn dann auch noch neben den vielen anderen Köstlichkeiten die ›Kleine heiße Ziege‹ in Form eines gratinierten Ziegenkäses mit Rosmarinhonig auf Toskanabrot wartet, gibt's selbst kalorientechnisch kein Halten mehr.

➔ BAVARESE

Isarvorstadt | **www.bavarese.net | So Brunch mit Selbstbedienung ab 10 (16,90 Euro), sonst ab 17 Uhr | Ehrengutstr. 15 | Tel. 089 52 03 34 37**

SUPERFOOD RELOADED

Als DFB-Chefkoch sorgte Holger Stromberg dafür, dass der Akku der Kicker stets aufgeladen war. Dazu gehört auch ein optimales Frühstück. Bei der neuen Speisekarte ließen die Cotidiano-Chefs Holger Stromberg freie Hand. Nun gibt's Super-Food wie die Acai Bowl (8,50 Euro) oder gegrillte halbe Avocado mit Hummus gefüllt, hausgebackenes Bananenbrot und Chiapudding. Yummy!!! So mutiert das Frühstück zum Powerfood für Supermen und Wondergirls.

➔ COTIDIANO PROMENADEPLATZ

Altstadt-Lehel | **www.cotidiano.de | So/Fei Brunch 8–15, sonst Mo–Do 7.30–23, Fr/Sa 7.30–24, So bis 21 Uhr | Maxburgstr. 4 | Tel. 089 2 15 43 63 80**

EINEN AN DER WAFFEL!

Och neee – morgens schon dicht aufeinander hocken? Sagen wir so, Platzangst darf keiner im Alof haben, denn im Bäckerei-Lokal wird's schnell kuschelig. Blöd nur, dass die Kids, wenn sie mal da waren, immer wieder hierher wollen. Vor allem wegen der INSIDER TIPP frisch gebackenen Waffeln, die es sonntags gibt (das Stück für 2 Euro.) Labsal für die Elternseele: Nirgendwo sonst schmeckt das gesunde Dinkelbrot so fein.

➔ ALOF

Isarvorstadt | **facebook.com/ALOF-Bäckerei-Konditorei | tgl. 7–19 Uhr | Hans-Sachs-Str. 12 | Tel. 089 37 95 56 94**

Oh, là, là

Im Marais von Paris träumen

WIE IM QUARTIER LATIN

Wie schön ist das denn? Zwischen Krimskrams und Antiquitäten-Chichi sitzen, die anderen Gäste aus dem Hinterhalt beobachten, dabei ein Käffchen trinken und vom Pariser Schick träumen – très formidable! Ins Marais gehen Stammgäste gerne wegen der beschaulichen Kaufladen-Atmosphäre und nicht wegen des besonders opulenten, kulinarischen Frühstücksangebots.

➔ MARAIS

Schwanthalerhöhe | www.cafe-marais.de | Di–Sa 8–20, So 10–18 Uhr | Parkstr. 2 | Tel. 089 50 09 45 52

DREI TAGE WACH

Nachtschwärmer lieben hier das späte Frühstück! Während anderswo um die Zeit schon ans Schlafengehen gedacht wird, wird im Wiener nicht selten gegen 21 Uhr erst mal gefrühstückt. Mit Frühstück ›American‹ und *bacon,* Spiegelei und Lachstoast im Bauch kann's wieder heiter weiter auf die Piste gehen …

➔ CAFÉ WIENER PLATZ

Haidhausen | www.cafewienerplatz.de | tgl. 8–24 Uhr | Innere Wiener Str. 48 | Tel. 089 4 48 94 94

Unter Palmen
Sonntagsbrunch im Arts'n'Boards

SCHÖNE AUSSICHTEN

Erst gaaaanz gemütlich frühstücken und dann ganz entspannt noch ein paar Bahnen ziehen? Ja, so muss ein gelungener Sonntag starten. Und das ohne anstrengenden Locationwechsel, denn das Bellevue ist gleich im Pavillonbau neben dem Nordbad. Guter Plan: dazu das Frühstück ›Bella Figura‹ für gleichnamige mit Avocado-Tomaten-Creme und Fruchtsalat.

➔ CAFÉ BELLEVUE

Schwabing-West | **www.bellevue-muenchen.de | Sa/So Frühstück 8.30–15, tgl. 7.30 bis 1 Uhr | Schleißheimerstr. 142a | Tel. 089 12 70 04 33**

ROSI HAT EIN TELEFON ...

... und wir haben ihre Nummer schon! Vorher schön eine Matinee im Kino Museum Lichtspiele anschauen – und danach gegenüber ins gemütliche Kaffeehaus Rosi, mit Rundumblick durch die großen Schaufenster in Richtung Ludwigsbrücke. Wer träumt nicht von so einem gemütlichen Wochenendstart?! Im Sommer an einem der 25 Plätze draußen.

➔ ROSI

Haidhausen | **www.facebook.com/kaffehausundbar | Sa 8–3, So 9–1 Uhr | Rosenheimer Str. 2 | Tel. 0151 54 77 46 36**

DER FRÜHE VOGEL

Hier zu frühstücken, ist der Inbegriff an Münchner Dolce Vita. Irgendwann im Leben dürfte jeder Münchner zumindest einmal auf der kleinen Ruffini-Dachterrasse gesessen sein. Allerdings muss man bereit sein, am Wochenende einmal früher aufzustehen. Denn: Die besten Plätze sind schon ab 10 Uhr weg.

➔ RUFFINI

Neuhausen | **www.ruffini.de | Di–So 10–24 Uhr | Orffstr. 22–24 | Tel. 089 16 11 60**

WIE DIE QUEEN

So richtig britisch frühstücken? Äh, heißt das dann, es gibt nur Ham and Eggs – heiß und fettig? Nö, das heißt vor allem mit Stil! Zwischen Ölgemälden, englischen Antiquitäten und opulenten Sesseln wählen Prinzen und Königinnen hier aus 80 losen Blattteesorten und Porridge, French Toast oder Fluffy Pancakes. Very british und sehr königlich ist das Frühstück ›Welsh Rarebit‹: zwei Scheiben Toast überbacken mit einer Panade von Cheddarkäse, Milch, Mehl und englischem Senf, verfeinert mit Worcestershire Sauce. Hhhhm …

➔ VICTORIAN HOUSE

Neuhausen | **www.victorianhouse.de | Mo–Sa 9.30–1, So 9.30–19 Uhr | Ysenburgstr. 13 | Tel. 089 18 97 55 20**

GOLDEN TWENTIES

Im kleinem Nebenraum schimmert goldene Seidentapete, die Couches laden so richtig zum Flätzen und Relaxen ein! Ein sympathisches Bar-Café im 1920er- und 30er-Jahre-Style, das auf Freundlichkeit und eine kleine, aber feine Frühstücksauswahl setzt (bis 14 Uhr). Top-Katerkiller: ›Wonneproppen‹ – arme Ritter ausgebacken in Butter und Ahornsirup.

➔ HOOVER & FLOYD

Isarvorstadt | **www.facebook.com/HooverUndFloyd | Mo 15–1, Di–So 9–1 Uhr | Ickstattstr. 2 | Tel. 089 26 94 90 15**

WELLENREITEN

Die blaue Welle mit den Meerestierchen schlängelt sich fröhlich an der Bar entlang, an den Wänden überall Kunst – willkommen im arty Surferparadies. Chef und Surfer-Urgestein Uli Richter hat sich damit einen Traum verwirklicht und kombiniert in den Räumen Galerie und Café. In lässiger Kunstatmo lockt sonntags – natürlich auf schmucken Holzbrettern angerichtet – ein fürstlicher Brunch. Und, INSIDER TIPP eine Surfbretter-Tauschbörse. Ansonsten wählen die Gäste Frühstücke, die nach berühmten Surfer-Wellen benannt sind wie ›Waimea‹ oder ›Belharra‹.

➔ ARTS'N'BOARDS

Schwabing-West | **www.arts-and-boards.de | Mo–Mi 10–24, Do–Sa 10–1, So Brunch 10–16 Uhr (für 19,90 Euro pro Person. Kinder bis 6 Jahren frei und bis 12 Jahren 9 Euro) | Belgradstr. 9 | Tel. 089 30 65 84 90**

TÜRKISCH FEIN

Das Myra ist ein guter alter Bekannter. Einst verwöhnte man die Glockenbach-Hood mit leichter mediterran-türkischer Küche. Mittlerweile hat man auch die Gaumen der Sendlinger erobert. Der sonntägliche Brunch (16,50 Euro inkl. O-Saft oder Prosecco) bietet zudem Köstlichkeiten wie Hummus, *Sigara Böregi* (gefüllte Blätterteigröllchen) oder *Patlican Kizartma* (gebratene Auberginenscheiben). Heiß begehrt: Plätze im Mini-Biergarten. Zwar gibt's keinen Spielplatz, aber bis sechs Jahre ist der Brunch for free.

➔ MYRA

Sendling | **www.myra-restaurant.de | Mo–Fr 17–1, Sa 12–1, So 9–1 Uhr (Brunch 9–15 Uhr) | Thalkirchnerstr. 145 | Tel. 089 26 01 83 84**

KRAULEN BEI KÄLTE

Schwimmbäder gibt es viele schöne in München. Aber nur eines, in dem es sich sogar im Winter draußen – und das im 50-Meter-Becken – schon früh am Samstagmorgen in Ruhe und gemütlich trainieren lässt. Ab 7.30 Uhr ist das Dante dann bereits geöffnet und, was viele nicht wissen: INSIDER TIPP auch schon die Sauna ist so früh auf! Zwischen 10 und 11 Uhr trudeln dann langsam die Massen ein. Ganz klare Sache also: Der frühe Vogel fängt den Wurm!

DANTE-WINTER-WARMFREIBAD

Gern | www.swm.de | Di, Do–So 7.30–23, Mo/Mi 7–23 Uhr | Postillonstr. 17 | Tel. 089 23 61 50 50

Guten Morgen, Samstag!

Dafür lohnt's sich aufzustehen

CHILL OUT IN DER AU

Ein Besuch auf dem Viktualienmarkt – am Samstag? Ach was, warum so viel Tamtam, wenn es anderswo doch viel gemütlicher zugeht. Am Wochenmarkt in der Au wird leger und unaufgeregt frische Regionalware an den Standln feilgeboten. INSIDER TIPP Der unverschämt leckere Rahmkuchen vom Zwickl-Stand schmeckt wie früher bei Oma und ist so schnell weg, dass man echt früh dran sein muss – vor 10 Uhr ist am sichersten. Und danach noch schön (mit dem Hund) an der Isar spazieren gehen, so kann der Samstagmorgen geruhsam starten.

WOCHENMARKT IN DER AU

Au | Sa, 7–13 Uhr | Mariahilfplatz

ALLEIN IM MUSEUM

Ein Kurztrip nach Afrika oder Myanmar? Und das ganz ohne Touristenmassen? Das geht in diesem kontemplativ anmutenden Museum: Ab 9.30 Uhr lassen sich hier Weltenbummler samstags – garantiert still und fast alleine – von fremden Kulturen inspirieren und gehen, bereichert von Sinneseindrücken über fremde Länder, wieder hinaus in die hektische Realität.

➔ MUSEUM 5 KONTINENTE

Altstadt-Lehel | **www.museum-fuenf-kontinente.de | Di–So 9.30–17.30 Uhr | Maximilianstr. 43 | Tel. 089 210 136 100**

HÜPF, HÜPF, HURRA!

Raus aus den Federn – rauf aufs Trampolin. Wer sich morgens kräftig durchschütteln lassen und dabei Kalorien verlieren will, der kann das hier frühmorgens ohne große Hektik tun. Der Clou: Um 10 Uhr ist die Halle viel leerer als sonst. Ab 13 Uhr trudeln dann langsam die Massen ein.
Kosten: 12 Euro/Std. und pro Person.

➔ AIRHOP

Schwabing-Freimann | **www.airhoppark.de | Sa/So ab ab 10 Uhr, sonst ab 12 Uhr | Ingolstädter Str. 172 | Tel. 0180 123 32 10 (3,9 Cent/Min.; tgl. 9–17.30 Uhr)**

KONNICHIWA!

Da kommt mal was ganz anderes auf den Frühstückstisch und in den Guten-Morgen-Magen: japanische Brötchen, Punkt 10 Uhr! Für die lohnt sich das frühe Aufstehen am Samstag (oder sogar das Joggen aus dem eigenen Viertel hierher!), denn die leckere Backware gibt's auch wirklich nur dann und hier – mitten in der, um diese Zeit noch ziemlich verschlafenen, City. Fürs Abendessen kann man sich auch gleich noch mit Edamame, Wakame und Dashi, sowie japanischen Schälchen, eindecken.
Einfach zauberhaft!

➔ FEINKOST Y. SUZUKI

Isarvorstadt | **Sa 10–18 Uhr | Rumfordstr. 40 | Tel. 089 21 66 95 55**

WILL MITTAG-ESSEN!

Einfach nur genießen

Schlemmerreise nach Beirut Beirut

FISCHERS FRITZ

… fischt frische Fische. Wie auf dem Markt liegt im Pescheria ein täglich wechselndes Angebot frischer Meeresbewohner in der großen Glasvitrine auf Eis. Und Fisch soll ja gesund sein – und leicht ist er außerdem! Um gestärkt, aber nicht mit schwerem Magen in den Nachmittag zu starten, eignet sich der Lunch hier bestens. Netter Nebeneffekt: Die Mittagskarte ist deutlich günstiger als die Abendkarte, Essen und Service sind dennoch erstklassig. Top: Die kleine romantische Hinterhofterrasse verschafft einen Hauch von Urlaub.

➔ PESCHERIA

Isarvorstadt | **www.pescheria.de** | **tgl. 11.30–15, 18–1 Uhr** | **Fraunhoferstr. 13** | **Tel. 089 24 21 40 27**

HIPSTER-BOLOGNESE

Es gibt genau zwei Gründe, warum vor allem junge Frauen mittags hier öfter mal vorbeischauen (sollten): die unverschämt leckere vegane Bolognese – und die schmucke WG-Einrichtung im Retro-Design. Gut, manche Zungen behaupten, Frauen kämen auch wegen der Hipster-Servicekräfte. Die sind Kenner der fleischlosen Hausmannskost und servieren auch das Kartoffel-Kürbis-Gulasch mit der lässigen Coolness. Allen, denen das zu viel Öko-Style ist, sei gesagt: Keine Sorge, manchmal verirrt sich auch ein Roastbeef auf die Karte.

➔ DIE WALDMEISTER

Maxvorstadt | **www.facebook.com/waldmeistereimuenchen** | **Mo–Fr 8–18, Sa/So 9–16 Uhr** | **Barer Str. 74** | **Tel. 089 1 89 46 95**

CIAO, CIAO, BAMBINI

Einfach unschlagbar ist ein Mittagessen im Gastgarten – mit Blick auf den urigen Kriechbaumhof aus Holz, superfamiliär. Das Essen selbst? Italienisch angehaucht. Immer frisch, immer schnell, immer gut. Zwar lässt es sich hier auch ganz prima mit einem Buch unter Bäumen alleine speisen, doch wenn die Kids einmal dabei sind: INSIDER TIPP Hier sind wirklich alle Bedienungen kinderfreundlich, neben Malsachen gibt's für die Kleinsten von 3 bis 6 Jahren sogar eine kleine Rutsche nebendran.

➔ PREYSINGGARTEN

Haidhausen | **www.preysinggarten.com** | **Di–Fr 10–1, Sa/So 9–1 Uhr** | **Preysingstr. 69** | **Tel. 089 6 88 67 22**

HALLO, GROSSSTADT!

Erst im hübschen Stemmerhof Bio-Ware einkaufen und danach noch im hippen Bistro libanesisch essen gehen? Klingt für München immer noch extrem exotisch. Viele kommen angeblich hierher, um sich eine Wochenportion Großstadtgefühl abzuholen. Wochenends leider nur am Samstag geöffnet, daher: gut merken und genießen!

➔ BEIRUT BEIRUT

Sendling | **www.beirutbeirut.de** | **Mo–Sa 11.30–20 Uhr** | **Valleystr. 28** | **Tel. 089 52 03 69 16**

ASIEN LÄSST GRÜSSEN

Schmeckt immer wie frisch am Straßenrand in Hanoi geköchelt. Optimal für ein gesundes Mittagessen, das unter dem Motto ›leichte Küche‹ steht. Hier wird in der offenen Küche nach Originalrezepten aus Hue und Saigon geschnibbelt und gebrutzelt, so authentisch ist das in München ziemlich einzigartig. Wer schon einmal im fernen Vietnam war, weiß, dass hier ausschließlich mit den richtigen Zutaten, Gewürzen und Kräutern gekocht wird.

➔ QUAN COM

Neuhausen | **www.quan-com.de** | **Di–So 11.30–15, 17–23.30 Uhr** | **Wendl-Dietrich-Str. 4** | **Tel. 089 12 02 21 67**

Mozart spielt
in seinem Café mit Gemütlichkeitsmotiven

SAUGUAD

Als der Herr Hüller sein Café eröffnete, da war er in der Au noch der einzige weit und breit. Heute ist sein Retro-Laden längst etabliert und trotzdem immer noch anders als viele andere, weil er einfach ungekünstelt ist und ehrliche Küche präsentiert. Das Wiener Schnitzel vom bayerischen Kalb könnte nicht zarter sein, das vegetarische Gulasch einfach nur sauguad. Hin und wieder holt sich der Hausherr (musik-)kulturelle Kostbarkeiten ins Haus. Bei Vernissage und Listening Sessions lohnt sich das Bleiben dann auch bis abends …

➔ CAFÉ HÜLLER

Au | **cafe-hueller.jimdo.com | Mo–Fr 11–23, Sa 10–23, So 10–22 Uhr | Eduard-Schmid-Str. 8 | Tel. 089 18 93 87 13**

SICH SATT CHILLEN

Am liebsten fläzen Gäste hier auf den Sesseln im Nebenzimmer, denn bei Riesenschnitzel und Spezi lässt sich der Kater vom Vortag eben besonders gut im Halbliegen auskurieren. Eine Institution seit über 20 Jahren. Während im Sofabereich die Spät-Mittagsportionen auf den Tisch kommen, erfreuen sich frisch geföhnte Omas im Großraum bereits des hausgemachten Kuchens. Wolfgang Amadeus wäre mit diesem schrägen Miteinander bestimmt *d'accord.*

➔ CAFÉ MOZART

Ludwigsvorstadt | **www.cafe-mozart.info | So–Do 10–1, Fr/Sa 10–3 Uhr | Pettenkoferstr. 2 | Tel. 089 59 41 90**

BRAIN FOOD

Gemütliches Mittagessen? Diese Bezeichnung ist ja erst mal sehr subjektiv. Nicht nur Studierende und Profs entspannen hier schon alleine bei dem Gedanken, dass es vegane, gesunde, hausgemachte Kost gibt. Dass dabei parallel auf Laptops gestarrt oder Max Weber gelesen wird, gehört einfach dazu, schließlich gibt's Steckdosenplätze und Bücher kann man hier auch kaufen. Etwas leichte(re) Kost hingegen sieht hier so aus: klare Misosuppe und die veganen Lunch-Boxes mit Rohkost, Hummus und Sandwich.

➔ LOST WEEKEND

Maxvorstadt | **www.lostweekend.de | Mo–Fr 8–20, Sa 10–20, So 11–18 Uhr | Schellingstr. 3 | Tel. 089 28 70 18 81**

WOCHENENDBESUCH

Ein Haufen Freunde von außerhalb oder gar die Cousine samt Anhang haben sich angekündigt? Dann kommt hier ein todsicherer Tipp, der alle Beteiligten für ein Mittagstreffen zufriedenstellt: nicht überkandidelt, bezahlbar, geräumig, schnell, Pizza, Pasta – und daneben Kultur im Gasteig: das Gast. Das schnelle Bezahlsystem, das mit einer elektronischen Karte, die es am Eingang für jeden Gast gibt, funktioniert, finden am Ende dann doch alle irgendwie praktisch.

➔ GAST

Au | **www.gast-muenchen.de | Mo–Mi 11–24, Do/Fr 11–1, Sa 11.30–1, So/Fei 11.30–24 Uhr | Rosenheimer Str. 5 | Tel. 089 4 80 98 27 20**

SOS, Regensonntag!

NASS VON UNTEN

Na gut, wer bei Regenwetter unbedingt auch noch von unten nass werden will, der kann das nicht nur beim Surfen auf dem Eisbach, sondern auch beim Indoor-Surfen im neuen Jochen-Schweizer-Tempel. Nicht minder abgefahren: Bodyflying, Hochseilgarten und Flying Fox.

➔ JOCHEN SCHWEIZER ARENA

Taufkirchen | **www.jochen-schweizer-arena.de** | **Mo–Fr 7.30–23, Sa/So 9–23 Uhr** | **Ludwig-Bölkow-Allee 1** | **Tel. 089 70 80 99 10**

MEDITATION AM SEE

An Regentagen fühlt sich ein Besuch im Westpark an wie eine meditative Reise nach Asien. Vorbei an der thailändischen Sala mit Buddha-Statue, am China- und am Japan-Garten kann man hier an trüben Tagen ungestört unterm Regenschirm spazieren, den Tropfen beim Plätschern zusehen oder jede einzelne der 20 000 Rosen auf diesem Planeten willkommen heißen.

➔ WESTPARK

Sendling | **Am Westpark 1**

AUF HAN SOLOS SPUREN

Wer denkt, draußen sei es ungemütlich, der sollte erst mal hier rein kommen! Beim Lasertagging wabern dichte Nebelschwaden durch die Halle! Okay, die fluoreszierenden Bilder und die sphärische Musik machen das Parcours-Spiel in Dunkelheit, bei dem man wie Han Solo & Co eine Laserwaffe trägt, dann doch nicht trübselig. INSIDER TIPP Die Sonntags-Flatrate von 11–13 Uhr liegt bei 19,50 Euro! Ab 12 Jahren.

LASERTAG MVP

Garching | www.indoorgames.de | Di–Do 16–22, Fr 16–23, Sa 11–23, So 11–20, Fei 11–23 Uhr | Robert-Bosch-Str. 12 | Tel. 0174 2344666

UP, UP AND AWAY

Ach, wie wär' ein Urlaub in der Karibik jetzt schön! Zugegeben, das wird jetzt nicht bei jedem Schlechtwettersonntag drin sein – aber einmal kann man das schon machen: sich einen Flug im Flugsimulator gönnen. Im Airbus A 320, Kosten: 299 Euro, Wetter: garantiert wolkenfrei, Kabinenservice: top!

FLUGSIMULATOR

Oberding-Schwaig | Lufthansa Flight Training Center | www.proflight.com | Lohstr. 25a | Tel. 0421 2413320

DANCING IN THE MOONLIGHT?

Nein – Minigolf bei Schwarzlicht! Im 1001-Nacht-Ambiente Minigolf spielen – echt exotisch! 18 Mal einlochen und das Schmuddelwetter draußen vergessen. Gefällt Freunden und der ganzen Familie gleichermaßen.

DREAM BOWL

Unterföhring | www.dreambowl.de | Mo–Mi 15–23, Do 15–24, Fr 14–2, Sa 10–3, So 10–23 Uhr (Mai–Sept. Fr/Sa bis 1 Uhr) | Apianstr. 9 | Tel. 089 452442525

TORTEN-SCHLACHT

Am Sonntag gehört die Sahnetorte mir

EVERGREEN

»Wie süß!«, hauchten bereits Mütter und Großmütter. Fritz Kreutzkamm soll einst ein angehimmelter Zuckerbäcker in München gewesen sein. Oder meinten sie doch den Baumkuchen? Der Evergreen kommt in dem traditionsbewussten Café in der Maxburg immer noch aufs Gäbelchen. Wer nach einer INSIDER TIPP schicken Ferienwohnung am Tegernsee sucht, der wird übrigens ebenfalls bei Kreutzkamm fündig.

CONDITOREI KREUTZKAMM

Altstadt-Lehel | shop.kreutzkamm.de | Mo–Fr 7.30–18, Sa 9–18, So 12–18 Uhr | Pacellistr. 5 | Tel. 089 22 88 03 00

Aber bitte mit Sahne

Die Kuchentheke im Café Wölfl ist unwiderstehlich

ECHT SCHRÄG

Darf's a bisserl abgefahren sein? Oma-Café ist zu langweilig? Die kleinen Kunstwerke hier sind unwiderstehlich zuckrig-süß, die verwendeten Eier echt bio und von glücklichen Hühnern. Auf Bestellung kann man schrille Geburtstagskuchen in Handy- oder Stöckelschuhform ordern. Im Sommer lockt die Kubitscheck-Außenstelle, BOB im Park, an der Tennissportanlage der TU München. Dann heißt's INSIDER TIPP Törtchen in der Hollywoodschaukel schlemmen.

DAS NEUE KUBITSCHECK

Schwanthalerhöhe | www.cafe-kubitscheck.de | Mo–Fr 7–18, Sa/So 9–18 Uhr | Gollierstr. 14 | Tel. 089 37 96 14 00

WIE BEI OMA

Sehnsucht nach Kuchentratsch wie zu Omas Zeiten? Dann nichts wie hin ins Wölfl. Im herrlich schrulligen Ambiente lässt sich bei ausgezeichneten, opulenten Torten und Kuchen Hüftgold vermehren. Das offene Geheimnis: Hier wird ausschließlich mit Butter gebacken – und das schmeckt man. Vor allem bei der herrschaftlich vielschichtigen Prinzregententorte.

KONDITOREI CAFÉ WÖLFL

Haidhausen | Kellerstr. 17 | Di–Fr 8–18, Sa 8–17 Uhr | Tel. 089 48 12 71

TERRASSENTORTEN

Die Gäste können sich gar nicht entscheiden, ob sie nun am liebsten wegen der hauseigenen Kuchenmeisterei oder doch wegen der Kaffeerösterei-Spezialitäten kommen. Ach, egal: Auf alle Fälle schmeckt der Cappuccino zu den hausgemachten Kuchen bei Sonnenschein auf der schönen Terrasse und unter den schönen Schwabingerinnen einfach herrlich.

DEL MOCCA

Schwabing-Freimann | www.delmocca.de | Mo–Fr 7.30–18, Sa 10–18, So 13.30 –18 Uhr | Clemensstr. 20 | Tel. 089 20 32 30 51

IQ IM KUCHEN

In dieser beinahe heiligen Atmosphäre der Staatsbibliothek scheint es fast so, als schmecken die leckeren Torten der Münchner-Freiheit-Konditorei nicht nur gut, sondern irgendwie so, als würde man mit jedem Bissen etwas schlauer. Wer schon früh da ist, der hat das Café am Sonntag fast für sich. Kennen nur fleißige Studenten: INSIDER TIPP die Terrasse im Innenhof.

STABI-CAFÉ

Maxvorstadt | www.muenchner-freiheit.de | Mo–Sa 8–20, So 9–18 Uhr | in der Bayerischen Staatsbibliothek, Ludwigstr. 16 | kein Telefon

KÖSTLICHE KLEINE DINGER

Es muss ja nicht immer Kuchen sein … wie wär's mit hausgemachten Pralinen? Mehrfach mit Design- und Kulinarikpreisen ausgezeichnet, eignet sich das Café Luitpold auch heute noch bestens zum Sündigen. Die Kuchen, Törtchen und Pralinen sind im Confiserie-Café mit den herrschaftlichen Marmorsäulen sündhaft lecker, das Ambiente sehr gediegen und förmlich. Tipp: die sechsbödige Luitpoldtorte, von der seit ihrer Erfindung 1962 das Rezept nicht durchgesickert ist.

CAFÉ LUITPOLD

Maxvorstadt | www.cafe-luitpold.de | Mo 8–19, Di–Sa 8–23, So 9–19 Uhr | Brienner Str. 11 | Tel. 089 2 42 87 50

SONNTAGABEND, TATORTZEIT

Die Ermittlungen ergeben: Hier klingt das Wochenende schön aus!

KÄNGURU SCHAUT ZU

Saftige Lamb Chops am Sonntagabend – und dabei alle wichtigen Englandspiele oder Rugby in australischer Atmosphäre sehen? Schöner könnte die Woche nicht ausklingen. Nach einem entspannenden Sonntagsspaziergang durch die City dürfen die Füße ruhen, während die Augen sich gen Beamerleinwand in HD-Qualität richten.

➔ NED KELLY'S AUSTRALIAN BAR

Altstadt-Lehel | **www.nedkellysbar.com | Frauenplatz 11 | Mo–Do 16–1, Fr 17–3, Sa 11–3, So, 11–1 Uhr | Tel. 089 24 21 98 99**

BÖRNE GUCKEN, BAGELS UND BURGER ESSEN

Wie jetzt – ein Bagel-Laden, in dem »Tatort« geguckt wird? Ja, und das schon seit gepflegten 20 Jahren. Während sonst hier im ältesten Bagel-Shop Münchens auf der Open-Mic-Bühne geträllert wird, stehen sonntags Börne & Co unter Strom, während man selbst gemütlich Bagels oder Burger futtert. Sehr, sehr sättigend: der Double Cheeseburger Bagel für schlappe 7,90 Euro.

➔ FRESH BAGELS & MUFFINS

Maxvorstadt | **www.bagelshop.de | tgl. 11–22 Uhr | Barer Str. 72 | Tel. 089 271 21 86**

AUF DIE 17

Ganz und gar ungestört – getrennt von der betriebsamen Bar-Kneipe – stoßen im Nebenraum »Tatort«-Fans bei Augustiner vom Fass und Pommes auf Ulmen, Schweiger und Furtwängler an. Achtung, keine Sitzplatzreservierungen, daher: Am besten gegen 18.30 Uhr schon mal gemütlich ein Putenschnitzel essen und den Platz vorwärmen. Zum Nervenberuhigen empfiehlt sich als Nachtisch der fluffige Kaiserschmarrn mit Apfelmus und Preiselbeeren. Ab 20 Uhr geht's dann offiziell los.

➔ KLENZE 17

Isarvorstadt | **www.klenze17.de | So–Mo 17–24, Di–Do 17–1, Fr/Sa 17–2 Uhr | Klenzestr. 17 | Tel. 089 25 54 42 77**

FLAMMKUCHEN FÜR BATIC

Während hier sonst bei Fußball und Formel 1 die Männerherzen höherschlagen, gesellen sich sonntags beim »Tatort« gerne Frauen dazu. Dem Motto ›Komm ins Wohnzimmer‹ folgend, gibt's immer hausgemachte, kulinarische Specials – mei, der leckere Flammkuchen würde bestimmt auch Batic und Leitmayr schmecken. Wem der Tatort zu blutig sein sollte, der kann getrost auf vegane Gerichte ausweichen.

➔ SELF

Sendling | **www.self-bar.de** | **Mo–Do 17–1, Fr 17–3, Sa 15–3, So 17–22, Essen am So von 18–22 Uhr** | **Schäftlarnstr. 62–Tel. 089 961 60 87 33**

THE VOICE OF MUNICH

Wie sieht es aus mit: Chill im Kil? So könnte das Motto sonntags im gemütlich-rustikalen Irish Pub eigentlich auch heißen, denn hier gibt's völlig entspannt, unter gut gelaunten Menschen, immer am Sonntag ab 21 Uhr Karaoke auf die Ohren. Am besten schon ab 20 Uhr reservieren und gemütlich noch ein Guinness (oder zwei) vorweg nehmen, dann klappt's auch mit dem Bühnenauftritt …

➔ KILIANS IRISH PUB

Altstadt-Lehel | **www.kiliansirishpub.com** | **Mo–Do 16–1, Fr/Sa 11–3, So 11–1 Uhr** | **Frauenplatz 11** | **Tel. 089 24 21 98 99**

Spannendes Duo?

Nervennahrung: Fresh Bagels & Muffins

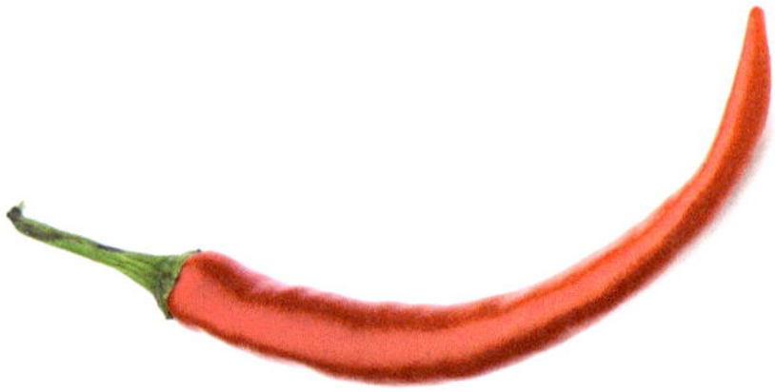

ABSTURZGEFAHR

Owei, owei! Im Santo Anger, der ungestümen Punkrock-Pizzeria, wurden schon so manche Sonntagsabstürze verzeichnet, die als harmlose »Tatort«-Abende gestartet waren. Kein Wunder, zur Pizza Capricciosa (10,20 Euro) schmeckt das Dunkle einfach allzu ausgezeichnet. Wer sich einmal in die Höhle der heiligen Angerkneipe gewagt hat, der kommt selten ohne Blessuren nach Hause. Was als Grundlage immer hilft, ist das knusprige, rote Pizzabrot.

➔ SANTO ANGER

Altstadt-Lehel | **www.santoanger.de | So–Do 17.30–1, Fr/Sa 17.30–3 Uhr | Blumenstr. 25 | Tel. 089 22547688**

BURGER, BIER UND BULLEN

Ach, wie herrlich: Bei Burger genießen Hardcore-Fans hier schon seit sieben Jahren den »Tatort«-Abend in vollen Zügen. Einrichtung und Deko stehen ganz im Zeichen der Olympischen Spiele anno 1972, deswegen sitzen die Gäste hier auch auf restaurierten Turnbänken und blicken auf Schick der 70er-Jahre wie Bonanza-Räder an den Wänden. Die Sommerpause lässt sich übrigens gut auf den lauschigen Gehsteig-Terrassen-Plätzen überbrücken.

➔ MÜNCHEN 72

Isarvorstadt | **www.muenchen72.de | Mo–Do 17–1, Fr 17–3, Sa 10–3, So 10–23 Uhr | Holzstr. 16 | Tel. 089 97343785**

NO TIME FOR LOSERS

We are the … ganz genau! *Champions!* Angeblich gibt es hier den besten Burger in Town, wenn der dann noch gewürzt ist mit den Highlights aus Golf, Fußball, Tennis und Formel 1, dann schlagen vor allem Münchner Männerherzen sonntagabends höher. Die kulinarische Empfehlung für Kenner: der Southern-Style-Burger mit höchst zartem Pulled Pork. Auch lecker ist die vegetarische Variante ›Perser‹ mit Hummus und Falafel. Bei Fußball-Bundesligaspielen geht's schon ab 15 Uhr ganz relaxed zu.

➔ CHAMPION'S BAR

Schwabing-Freimann | **www.championsbar.de | tgl. 17–1 Uhr | Berliner Str. 93 | Tel. 089 36 00 20**

TRINKEN UND IN DER COUCH VERSINKEN

Gemütlicher ist nur das eigene Wohnzimmer: Auf zerknautschten Sofas lümmeln, ein Bierchen in der Hand und »Tatort« – was kann's Schöneres geben? Am besten gleich zum Einlass kommen und einen INSIDER TIPP Munich Mule zur Happy Hour schlürfen. Wahlweise kennen sich die Jungs hier auch verdammt gut mit Gin aus. Einfach mal ein Gin-Tasting buchen. Geht auch als Geschenkgutschein. Blöd nur, dass der nächste Tag garantiert ein Montag ist.

➔ NIEDERLASSUNG

Isarvorstadt | **www.couch-club.org/niederlassung | Di–Do 19–1, Fr/Sa 19–3, So 19–24 Uhr | Buttermelcherstr. 6 | Tel. 089 32600307**

Nie wieder Montag
Niederlassung für immer

Raus aufs Land!

AL PACINO? AL PAKA!

Pedro, Fernando, Sandro, Luna und Carmencita sind ja sooo süß! Es gibt immer mehr Orte im Umland, an denen man Alpakas streicheln kann. Am allerliebsten auf dieser kleinen Ranch. Und dann? Na klar, Klettern im nahen Waldkletterpark Oberbayern.

➔ ALPAKA-RANCH

Petershausen | So 14–17 Uhr | alpaka-ranch-petershausen.npage.de | Rosenstr. 45
Jetzendorf | Sa/So 10–19 Uhr | www.waldkletterpark-oberbayern.de | Am Waldkletterpark 1 | Tel. 0170 3267297

Tschüss Beton, hallo, Frischluftkur!

AUF DEM SCHLAUCH

Er hat ein knallrotes Gummiboot? Nein, die hier sind knallblau! Mit dem Schlauchboot von Bad Tölz bis Wolfratshausen schippern ist eine echte Schau. Dauer: vier Stunden. Ins Boot passen neun Leute, im Preis enthalten sind die Lieferung und Abholung der Boote, Schwimmwesten, Paddel und Trockenbox für Wertsachen.

➔ **SCHLAUCHBOOTFAHRT**

Bad Tölz | **Zum Isarkraftwerk 4 | www.bavariaraft24.de | Einstieg Schlauchboot mieten ab Lenggries bis Wolfratshausen ab 120 Euro für 9 Personen**

AUSSCHAU HALTEN

Uff, erst über 100 Stufen rauf auf den Turm, dann aus 35 Metern Höhe die Aussicht ins Alpenland genießen. Bei schönem Wetter sieht man Bayerns Pracht – sogar die fernen Dreitausender. Ein Pfad schlängelt sich durch das angeschlossene Wäldchen … Und wer mag, kann nach der Turmbesteigung gleich ganz um den Egglburger See gehen. Ein ruhigeres Fleckchen Erde findet man an nicht ganz so sonnigen Tagen kaum im Umland.

➔ **EBERSBERGER FORST**

Ebersberg | **www.museumwaldundumwelt.de (gleich nebenan ist der Turm), www.ebersberger-forst.com | Ludwigshöhe 2**

KARIBIK UND STRAND

Ein lauschiges Liegestuhl-Plätzchen am Strand der Wasserski-Anlage, dabei die Sonne genießen und einen Drink der Hand? Gibt's nicht in unseren Bereitengraden? Gibt's doch! Roberto Beach sorgt für Karibik-Feeling. Und wenn das Wetter einmal nicht mitspielt, zaubert eine Partie im beheizten, sandigen Beachvolley-Areal das schönste Urlaubslächeln in trübe Alltagsgesichter.

➔ **ROBERTO BEACH**

Aschheim | **www.robertobeach.de | Winter: Mo–Fr 15–24, Sa/So/Fei 10–24; Sommer: tgl. 10–24 Uhr | Am Eventpark 20 | Tel. 089 90 90 18 60**

WHISKY BEIM BAUERN

Völlig unterschätzt ist die Schönheit des Schliersees! Erst ein Spaziergang am See, dann mit dem Auto ein paar Kilometer weiter ins Markus Wasmeier Museum. Dort kann man nachempfinden, wie die Bauern früher gelebt haben. INSIDER TIPP Bierbrau-Kurse wie vor 100 Jahren. Und zum Abschluss ein Schlückchen in der Whisky-Destillerie – außer der Fahrer, versteht sich.

➔ **MARKUS WASMEIER MUSEUM**

Schliersee/Neuhaus | **www.wasmeier.de | Di–So 10–17 Uhr | Brunnbichl 5 | Tel. 08026 92 92 20**
Schliersee | **Slyrs Destillerie | www.slyrs.com | tgl. 10–17 Uhr | Bayrischzeller Str. 13 | Tel. 08026 3 95 90 04**

UNTERWEGS MIT …

... DEM SCHATZ

Tisch für zwei, Kerzenschein inklusive

KOLONIAL UND KOLOSSAL GUT

Speisekarte? Fehlanzeige. Stattdessen bis zu acht italienische Überraschungsgänge für Degustierer, zu fairen 8,50 Euro pro Gang. Nach jeder Runde kann man entscheiden, ist die Zeit fürs Dessert gekommen? Hier tickt die Uhr anders, vom Interieur her zum Beispiel wie in der Kolonialzeit. Im Restaurant schlägt auf jeden Fall die Stunde der Romantiker: weiß eingedeckte Tische, mit Rosen und Kerzen bestückt, so wie man(n) es sich fürs Dinner mit der Liebsten wünscht.

➔ **MASTERS HOME**

Altstadt-Lehel | **www.mastershome-muenchen.de** | **Mo–Sa ab 18 Uhr** | **Frauenstr. 11** | **Tel. 089 22 99 09**

ÜBER DEN DÄCHERN

Ein perfekter Ausblick über München. Doch damit nicht genug. Hier gibt es, einem Vogelnest ähnlich, einen INSIDER TIPP kleinen Vorbau in luftiger Höhe, der ein Maximum an Privatsphäre bietet. Was für ein Moment: zu zweit an der runden Tafel, langsam bricht der Abend an, der Champagner prickelt auf der Zunge und dann kommt sie, die Frage aller ... Übrigens, der Tisch bietet auch reichlich Platz für aktuelle oder zukünftige Schwiegereltern. Nicht vergessen: die neue 300-qm-Penthouse-Suite mit Outdoor-Jacuzzi buchen!

➔ **BLUE SPA ROOF TOP BAR**

€€€ | Altstadt-Lehel | **www.bayerischerhof.de** | **tgl. 8–22.30 Uhr (bei schönem Wetter bis 0 Uhr)** | **Promenadeplatz 2–6** | **Tel. 089 2 12 08 75**

ROMANTISCHES IM HINTERHOF

Ganz ehrlich, die BBQ-Terrasse ist wunderschön und ruhig gelegen. Ob nun draußen oder drinnen, wo es nicht minder stylisch ist, die Kochkunst des Iren aus Limerick hat sich weit rumgesprochen. Dafür stehen Konfierte Seeteufelbackerl, steirischer Rindfleischsalat und Pfifferlinge genauso wie Poltinger Entenbrust aus dem Big Green Egg auf süß-saurem Paprikagemüse und Pak Choi.

➔ **SHANE'S RESTAURANT**

Isarvorstadt | **www.shanesrestaurant.de** | **Di–Sa 18–23 Uhr** | **Geyerstr. 52** | **Tel. 089 74 64 68 20**

CANDLELIGHT-GEHEIMNISSE

Auf die Teller zaubern Michael Emmerz und André Wöhner, die man in ihrer offenen Küche beobachten kann, wahre Kunstwerke. Und ja, »Liebe geht durch den Magen«, aber das Ambiente für ein Candlelight-Dinner muss stimmig sein. Kein Problem für den Käfer, hat er doch gleich 16 unterschiedliche Räumlichkeiten, sprich »Stubn« zur Auswahl. Ob Kristall-, Tabak-, Nymphenburger- oder doch gleich die Hochzeitsstube? Die richtige Wahl fällt da manchmal schwer.

➔ **KÄFER-SCHÄNKE**

Bogenhausen | **www.feinkost-kaefer.de/schaenke** | **Mo–Sa 11.30–23 Uhr** | **Prinzregentenstr. 73** | **Tel. 089 4 16 82 47**

Sooo schön
Über den Dächern von München: Emiko

PURE LEBENSFREUDE IM SCHATTEN VON ST. PETER

Der Alte Peter zum Greifen nah, japanische Köstlichkeiten am Grill und den Sake-Cocktail in der Hand, die INSIDER TIPP Dachterrasse des Emiko, gilt nach wie vor als Geheimtipp. Und obwohl mitten in der Stadt, herrscht hier oben auf 50 Metern Höhe eine Stille, die nur ab und an vom Glockenschlag durchbrochen wird. Ambiente und Kulisse werden Hasi träumen lassen, ganz zu schweigen von den Gaumenfreuden.

➔ **EMIKO**

€€€ | Altstadt-Lehel | **www.louis-hotel.com/emiko-restaurant-bar.html | Restaurant: tgl. 18–1, Dachterrasse: tgl. 12–22 Uhr bei schönem Wetter | Viktualienmarkt 6 | Tel. 089 41 11 90 80**

WENN DER DINNERMANN DREIMAL KLINGELT

Alles so schön plüschig hier. Und erst die kleinen Nischen. Wie geschaffen für einen gemütlichen Dinnerabend. Die Küche ist gehoben, gleiches gilt für die Kunst der Mixologen. Das Highlight, ganz abgesehen einmal von Ihrer Begleitung, ist die INSIDER TIPP Nische mit Champagner-Klingel. Aber Vorsicht! Sie ist voll funktionsfähig.

➔ **LUX**

Altstadt-Lehel | **www.hotel-lux-muenchen.de | So–Mi 18–1, Do–Sa 18–2 Uhr | Ledererstr. 13 | Tel. 089 45 20 73 00**

Ganz. Schön. Hässlich.

FARBTUPFER IN DEN ISARAUEN

So eine schöne Holzbrücke, wie die in Thalkirchen, ist leider einzigartig. Flussabwärts findet man nur noch tiefgraue Betonkonstruktionen, die bei trübem Wetter die Stimmung gleich nochmals senken. Nur gut, dass es viele bunte Farbtupfer gibt und jeder für sich ein Meisterwerk ist. Willkommen in den Open-Air-Galerien der Isarauen.

➔ BRUDERMÜHLBRÜCKE
Untergiesing | **streetart-muenchen.de**

... aber hat was!

UNTEN AUTOS, OBEN GRÜNE WIESE!

Gestank, Dröhnen in den Ohren! Bis zu 150 000 Autos am Tag rauschen den Mittleren Ring entlang. Schön, was die Untertunnelung mit sich bringt: statt Blechkolonnen ein Park mit knapp 400 Bäumen, ein Garten mit Beeten zur freien Nutzung, Bolzplatz, Spielplätzen, das Café Ludwig. Nun soll auch noch der Ring im Norden unter die Erde verbannt werden.

➔ PETUELPARK

Schwabing-West | **Klopstockstr. 10** | **Initiative Englischer Garten: m-einenglischer garten.de**

BOOM-TOWN

Wo einst Knödel in den Pfanni-Werken geformt wurden, entstand schon vor Jahren eine riesige Partyarea mit Clubs und Eventlocations. Nun hat ein neues Zeitalter begonnen: Im Werksviertel Mitte wächst ein neuer Stadtteil, in dem auch Künstler und Galeristen eine neue Heimat finden sollen. Die hässliche Container-City verwandelt sich in INSIDER TIPP ein farbenprächtiges Künstler-Areal. Und in luftiger Höhe lädt die Bar Bel Air zum Rundumblick aufs neue Viertel.

➔ WERKSVIERTEL MÜNCHEN

Berg am Laim | **www.werksviertel-mitte.de**

BÄUME AUF REISEN

Überall wird nur noch verdichtet. Wo bleibt da das Grün, was die Lebensqualität um einiges steigern kann? Die Wanderbaumallee schafft Abhilfe. Mehr als 60 triste Münchner Asphaltstrecken wurden schon mit den 15 mobilen Bäumen aufgehübscht. Wer der grünen Karawane folgen möchte, wirft einen Blick auf die Homepage, auf der sich auch noch andere Stadtverschönerungsprojekte befinden.

➔ WANDERBAUMALLEE

www.greencity.de/projekt/wanderbaumallee

VOM SCHMUDDELKIND ZUR ZUKUNFTSVISION

Während andernorts Hauptbahnhöfe altehrwürdige Gebäude sind, muss München sich für seinen zentralen Ankunftsort geradezu schämen. Doch bald wird alles anders. Einen Eindruck vermittelt der schneeweiße Multimedia-Portalbogen, der in der Ankunftshalle steht. Dort lässt sich die nächste Bahnhofsgeneration, die 2029 fertig sein wird, schon in Andeutungen erleben.

➔ HAUPTBAHNHOF MÜNCHEN

Maxvorstadt | **Bayerstr. 10a** | **www.muenchen.de/rathaus/Stadtverwaltung/Referat-fuer-Stadtplanung-und-Bauordnung/Projekte/Hauptbahnhof.html**

... DER GANZEN CLIQUE

Hier gibt's genug für alle

Spiel mit dem Feuer

In der Fire Dragon Lounge erlaubt

KOCHEN IM REICH DER MITTE

Jedem sein eigenes Süppchen ... Die chinesische Variante des Fondue ist der Hot Pot (19,80 Euro), allerdings hat hier INSIDER TIPP jeder seinen eigenen Feuertopf. Die Spezialtische sind mit Induktionskochplatten ausgerüstet, was diesen Spaß erst ermöglicht. Fleisch, Fisch, Gemüse, Meeresfrüchte oder Nudeln, alles wird im Nu gegart. Die Schärfe seiner Suppenbrühe bestimmt man selbst. wn gibt es ebenfalls reichlich. Na, das ist ja mal eine Art All-You-Can-Eat, genussvoll und ohne Zeitdruck.

FIRE DRAGON LOUNGE

Ludwigsvorstadt | **firedragon-lounge.de | tgl. 11.30–15, Fr–So 17.30–2, Di–Do 17.30–23.30, Mo 17.30–1 Uhr | Paul-Heyse-Str. 29 | Tel. 089 59 98 84 66**

ASIEN IM SCHNELLDURCHLAUF

Hier geht's rund, und zwar von morgens bis abends. Um eins gleich klarzustellen, vergesst die üblichen Burger-Ketten, das Asia-Fast-Food, hier schmeckt's tausendmal besser. Kein Tippfehler: Mittagsmenüs gibt es bereits für 5 Euro. Das All-You-Can-Eat-Buffet kostet 8,40 Euro und macht wirklich jeden satt. Die Wan-Tans sind allerdings viel zu klein. Tipp: Suppen wie Pho Bo.

CHINA EXPRESS

Ludwigsvorstadt | **www.chinaexpressmuenchen.de | Mo–Fr 11.30–21, Sa 12–21, So 14–21 Uhr | Sonnenstr. 4 | Tel. 089 59 97 88 91**

PIZZA-ORGIEN

... aber das ist doch ein Café?! Süßes gibt's auch, doch der Name ist irreführend, in erster Linie kommt italienische Küche auf den Tisch. Die Pizza frisch aus dem Buchenholzofen – *Madonna!* Lecker! Und bei Pasta & Co muss auch niemand verhungern. Super Tagesangebote: dienstags Pizza für 6,90, mittwochs Pasta für 5,90, freitags alle Fisch- und Fleischgerichte für 9,90 Euro. Und montags heißt es: drei Gerichte bestellen und zwei bezahlen. Wirklich sehr kunden- und kalorienfreundlich!

CAFÉ AM TIERPARK

Altstadt-Lehel | **holzofen-pizza-thalkirchen.de | tgl. 11–23 Uhr | Fraunbergstr. 10 | Tel. 089 72 40 66 06**

OLYMPISCHES GRILLGUT

Hier spielt es mal wirklich keine Rolle, mit wie viel Leuten – ob zu fünft oder zu zehnt – man sich zum Essen treffen will. Hollywoodschaukeln, Tische und Stühle sowie Grills gibt es genügend. Und das Ambiente, mitten im Olympiapark, ist genial. Die Grills werden sogar geputzt. Lediglich ein Tellergeld von 3,90 Euro pro Person wird fällig. Die Luxusvariante, statt selbst Einkaufen und Grillen: ein Grillbuffet (17,50–33,50 Euro pro Person).

BOB IM PARK

Milbertshofen | **www.cafe-kubitscheck.de/bob-im-park | Mo–Do 14–24, Fr 13–1, Sa 11–1, So 11–22 Uhr | Kolehmainenweg/Olympiapark-Tennisanlage | Tel. 089 37 96 14 00**

MONTAG GEHT'S NACH MEXICO

Das ist mal eine interessante Variante, bei der es zum Buffet den Cocktail zum Spartarif dazu gibt. Normalerweise kostet das Mexican-All-You-Can-Eat-Buffet montags immer 11,90 Euro. Beim Ausflug zu viert – 55,60 Euro – inklusive einem Cocktail nach Wahl, lassen sich sogar satte 22,40 Euro sparen. Na, dann nichts wie ran an die äh ..., Fajitas, Tacos, Enchiladas, Chili con Carne und Spare Ribs.

ESCOBAR

Haidhausen | **www.escobar-muenchen.de | Mo–Fr 17–1, Sa 17–3 Uhr | Breisacherstr. 19 | Tel. 089 48 51 37**

TRADITION MIT KULINARISCHEM STYLE

Einfach nur das Hot-Pot-Buffet (19,80 Euro) oder doch lieber Combo (25,80 Euro), sprich noch das BBQ dazu? Wem die Wahl eine Qual ist, Achtung, das Angebot besteht ab 18, endet aber um 22 Uhr. Wie auch immer, enthalten sind kalte Vorspeisen, Salate, hausgemachte Dim Sums und andere warme Speisen. Sehr positiv: Es gibt auch eine Variante für Vegetarier und Veganer.

YINSHI

Schwabing-West | www.restaurant-yinshi.de | tgl. 11.30–15, 18–23.30 Uhr | Schleißheimerstr. 182 | Tel. 089 30 65 88 72

SELBST GRILLT DER GAST

Männer am Grill finden sich hier reichlich. Genauer gesagt: am Lavasteingrill. Allerdings lieben auch Frauen das Spiel mit dem Feuer und zeigen den männlichen Artgenossen immer wieder, dass sie mal besser die Grilleinweisungen durchgelesen hätten. Oder zumindest den Expertenrat befolgt hätten, wenn es um medium rare, blutig oder totgebraten geht. Vegetarier legen Gemüse und Halloumi-Käse auf den Rost. Selbstgrillen im Restaurant, mal eine neue Unterhaltungsvariante.

GRILL & GRACE

Schwanthalerhöhe | www.westend.grillandgrace.com | Mo–Fr 11.30–14.30, Di–Sa 17.30–23 Uhr | Guldeinstr. 50 | Tel. 089 14 34 89 40

Maxvorstadt | www.maxvorstadt.grillandgrace.com | Mo–Fr 11.30–14.30, So–Do 17.30–23, Fr/Sa 17.30–1 Uhr | Gabelbergerstr. 97 | Tel. 089 52 22 97

HÜTTENZAUBER IN THE CITY

Mist, schon wieder das Stück Brot verloren. Die Strafe folgt sogleich. Her mit dem Kirschwasser! Ist schließlich auch im Käsefondue enthalten. Und dieses Schmankerl wird in der Alm geradezu zelebriert. INSIDER TIPP Vom Appenzeller-Gruyère-Mix bis zum Fondue Chinoise, ob zu zweit oder zu zehnt, es gibt wohl keinen geselligeren kulinarischen Spaß, als gemeinsam im Käse oder der Gemüsebrühe rumzustochern. Noch dazu, wenn es so sau guad schmeckt.

GÄRTNERPLATZ ALM

Isarvorstadt | www.gaertnerplatzalm.de | Di–Do 18–24, Fr/Sa 18–1 Uhr | Corneliusstr. 16 | Tel. 0176 20 43 40 94

WIE EINST BAYERNS KÖNIGE

Plündert das Buffet! Ob Brunch oder die kulinarische Reise All-You-Can-Eat, sich gemeinsam durch all die Köstlichkeiten futtern macht Spaß, spart Geld und bietet hier tatsächlich eine Vielfalt an Specials. Angefangen beim Fisch bis zum Schnitzel, weiter mit dem Steaktag bis zum American BBQ, ganz zu schweigen vom Spargelbuffet, im Hirschgarten lässt es sich fürstlich speisen. Der Wirt versteht es halt, seine Gäste zu verwöhnen, ganz so wie einst Bayerns Könige, die es sich hier schon haben gut gehen lassen.

KÖNIGLICHER HIRSCHGARTEN

Nymphenburg | www.hirschgarten.de | tgl. 10–24, Specials s. Terminplan abends 18–21, Brunch 11–14 Uhr | Hirschgarten 1 | Tel. 089 17 99 91 19

Mach doch selbst!

Grillmeister gesucht: im Grill & Grace

... DEN SCHWIEGER-ELTERN

Maria, der Schwiegermutter schmeckt's doch!

Nicht kleckern ...

... klotzen. Im Spatenhaus Mama und Papa verwöhnen

MIT SCHWIEGERMUTTERN NACH PARIS

Was wiedergutmachen? Die Schwiegereltern für sich gewinnen? Da muss ein kulinarischer Ausflug nach Paris her. Los geht's zu Monsieur Loic, der mit seinem Team auch in neuer Umgebung und mit neuem Look wieder zu Hochform aufläuft. Ob Steinbuttfilet mit Bernaise oder Fondant de Boeuf mit Schoko-Rotweinsauce, dazu gibt's saisonales Gemüse. Keine Frage, die Nouvelle Bistro Cuisine wird sehr gut ankommen. Der Familienfriede ist gerettet!

➔ L'ADRESSE 37

€€€ | Schwanthalerhöhe | **www.ladresse37.de** | **tgl. 18–0.30 Uhr** | **Tulbeckstr. 9** | **Tel. 089 62 23 21 19**

DER VERLORENE SOHN IST ZURÜCK

Da freut sich jede Schwiegermutter, wenn Sternekoch Ali Güngörmüş, der in seine gastronomische Heimatstadt München zurückgekehrt ist, so Feines wie Ravioli gefüllt mit Rind und Gänseleber oder Thunfisch mit Ceviche-Aromen servieren lässt. Was ein Glück, ist er dem Ruf seines Mentors, Karl Ederer, gefolgt.

➔ PAGEOU

€€€ | Altstadt-Lehel | **www.pageou.de** | **Di–Fr 12–14.30, 18.30–22, Sa 12–15, 18.30–22 Uhr** | **Kardinal-Faulhaber-Str. 10** | **Tel. 089 24 23 13 10**

DYNAMISCHES GOURMET-DUO

Nicht nur für – die zukünftigen – Schwiegereltern ein Gourmetvergnügen, von Bastian Hartwig und Chris Friedrich umsorgt zu werden. Hartwig ist der Mann für die Charme-Offensive und Friedrich sorgt für den französischen Gaumenspaß. Zahlen müssen aber Sie.

➔ NEO-BRASSERIE HOIZ

€€€ | Maxvorstadt | **www.hoiz.restaurant** | **Mo–Sa 11.30–1 Uhr** | **Karlstr. 10** | **Tel. 089 28 80 88 09**

EDLE KÜCHENKUNST

Bayerische Küche auf Top-Niveau hat natürlich ihren Preis, aber wenn Muttern in der Stadt ist, sollte man nicht am falschen Ende sparen. Wer passt denn demnächst wieder auf die kleinen Rabauken auf? Auch das gehobene Ambiente wird Oma und Opa gnädig stimmen. Die edle, bayerische Kochtradition lässt sich auch auf der Terrasse mit freiem Blick zur Oper genießen. Dort gibt es dann große Kunst zu ermäßigten Preisen.

➔ SPATENHAUS AN DER OPER

€€€ | Altstadt-Lehel | **www.kuffler.de** | **tgl. 9.30–0.30 Uhr** | **Residenzstr. 12** | **Tel. 089 290 70 60**

REGIONALE FEINSCHMECKER

Auf zu neuen Welten, könnte das Motto in Münchens ältestem Weinhaus sein. Im Weinhaus Neuer wird Regionalität durch und durch gelebt. Wenn aus der Küche fantastische, bayerische und österreichische Speisen auf dem Tisch landen, werden die Ahs, Ohs und Hmms nicht lange auf sich warten lassen. Dazu noch der passende Wein und schon dürfte der Segen der Verwandschaft sicher sein.

➔ WEINHAUS NEUNER

€€€ | Altstadt-Lehel | **www.weinhaus-neuner.de** | **tgl. 12–24 Uhr** | **Herzogspitalstr. 8** | **Tel. 089 260 39 54**

DER SCHEIN TRÜGT

Zugegeben, die Landsberger Straße ist nicht die schickste Adresse. Aber dieser cool gestylte Tempel japanischer Kochkunst, versehen mit einem Hauch südamerikanischer Kulinarik, bietet Genussfreuden auf Sterneniveau. Da kann die Kreditkarte schon mal zum Glühen kommen, wenn man gemeinsam mit den Schwiegereltern schlemmt.

➔ IZAKAYA

€€€ | Westend | **izakaya-restaurant.com/munich** | **Lunch: Mo–Do 12–14.30, Fr 12–15, Sa 12.30–15.30, So 12.30–16 Uhr; Dinner: So–Mi 18–23, Do–Sa 18–23.30 Uhr** | **Landsberger Str. 68** | **Tel. 089 122 23 20 00**

... DEN KLEINEN MONSTERN

Lara will nicht aus dem Pommes-Paradies abgeholt werden

BIERGARTEN-KINDERLAND

Der Hofbräukeller am Wiener Platz begeistert Kids (und damit, na klar, auch Eltern) schon seit Jahren mit seinem Kinderland (wegen Umbau bis Ende 2018 geschl.). Ein bis zwei Betreuerinnen bemühen sich (klappt ja schließlich nicht immer), die Jüngsten (Maximalalter 8 Jahre) zu beschäftigen, während die Eltern in aller Seelenruhe den knusprigen Schweinsbraten genießen. Und wie wäre es, mal ohne nervige Eltern Geburtstag zu feiern? Null Problemo, es werden verschiedene Feiermöglichkeiten angeboten – *party hard!*

➔ HOFBRÄUKELLER KINDERLAND

Haidhausen | www.hofbraeukeller.de | Mo–Fr 12–20, Sa/So 10–20 Uhr | Innere Wiener Str. 19 | Tel. 089 4 59 92 50

ALL IN ONE

Im Spielzimmer vergnügen sich die Jüngsten, während sich das Begleitpersonal den obligatorischen Latte Macchiato gönnt. Besonders bei schlechtem Wetter ein Geheimtipp für die Kiddies: Es gibt eine Indoor-Rutsche für die Kleinsten. Währenddessen darf Mami durch die Regale schlendern und kann funky Babyfashion erstehen. Shoppen – Snacken – Spielen: Genau das geht im Café de Bambini.

➔ CAFÉ DE BAMBINI

Schwabing-Freimann | www.cafe-de-bambini.de | Mo 11–18, Di–Fr 10–18, Sa 13–15 Uhr | Marktstr. 7 | Tel. 089 23 54 95 45

SENSATIONSKUCHEN!

Stimmung: tiefenentspannt. Knirpsi isst gerne mit den Händen? Go for it, das stört hier niemanden. Kein Chichi, klare Linien, von allem das Beste und extrem kinderfreundlich, dafür steht auch die Kinderspielecke. Das Konzept vom Café Clara (benannt nach der jüngsten Tochter der Betreiber) überzeugt und wird gerne von Menschen mit Kindern besucht, weil man die Unaufgeregtheit hier sehr schätzt. Und den Kuchen! Zauberfee Silvie macht die leckersten Konditorwerke der Stadt. Die Mangotarte! Der Zupfkuchen!

➔ CAFÉ CLARA

Maxvorstadt | www.cafe-clara-muenchen.de | So, Di–Fr 10–19, Sa 9–19 Uhr | Isabellastr. 8 | Tel. 089 5 23 72 14

Futter für die Mutter
im Café Bambini wird gespielt, während Mama shoppt und chillt

BETREUTES ESSEN

Wie großartig ist das denn? Im Restaurant-Café Kaiser Otto gibt es eine bestens ausgestattete Kidslounge – tgl. 9–19 Uhr, 1 Euro pro Kid unabhängig von der Spieldauer. Und das für ganz kleine und auch für schon etwas größere Sprösslinge – mit Krabbelecke, Tischkicker und Kinderbibliothek. Sonntagstipp für INSIDER TIPP alle unter 5 Jahren: Der Brunch ist gratis!

➔ KAISER OTTO

Isarvorstadt | **www.kaiserotto.de** | **tgl. ab 9, So bis 18 Uhr, sonst ein bisschen länger auf** | **Westermühlstr. 8** | **Tel. 089 21 01 96 97**

SO SWEET!

Ja, es klingt wie im Märchen: Kita, flexible Babybetreuung, betreute Spielgruppen, großzügige In-und Outdoor-Spielflächen, Kurse für werdende Eltern, Babies, Kinder und Erwachsene und *on top* noch ein gemütliches Hinterhof-Café, die Villa Kunterbunt. Hier wird Kindern und ihren Begleitern wirklich der Tag versüßt. Kids von 3–8 Jahren schnipseln, kleben und malen in bezaubernden Bastelworkshops!

➔ ZUCKERTAG

Isarvorstadt | **www.zuckertag.com** | **Kindercafé & Spielzimmer: Mo–Fr 14.30–18, Sa/So 10–18 Uhr** | **Ehrengutstr. 10** | **Tel. 089 20 32 07 19**

SAFER SPIELSPASS

Fast wie auf dem Land, nur mitten in der Stadt: Das Café Glückskind bietet neben einer Krabbel-und Spielecke auch eine große Terrasse, die an einem ruhigen, begrünten Hof liegt, keine befahrene Straße mindert den Spielspaß der Kinder oder strapaziert die Nerven der wachsamen Eltern. Und kein nerviges »Iss deinen Teller auf, sonst scheint morgen die Sonne nicht«: Alle Gerichte gibt es als Kinderportion zum halben Preis, genau richtig für den kleinen Magen.

➔ CAFÉ GLÜCKSKIND

Haidhausen | **www.cafe-gluecks kind.de** | **tgl. 9–19 Uhr** | **Seeriederstr. 9** | **Tel. 089 41 17 16 67**

Zu alt dafür? Von wegen!

Wieder Kind sein

WIE EINST DIE HUNNEN

Hier werden Kindheitsträume wahr! Die Kunst mit Pfeil und Bogen zu schießen ist schon etwas Besonderes. Das Ungarische Bogenschießen ist eine der ältesten Sportarten überhaupt. Ob Training, Kurse oder Firmenevents, geschossen wird mit dem klassischen Elite-Bogen. Lust auf einen Schnupperkurs? Ab 20 Euro sind Sie dabei.

ELITE-BOGEN

Dachau | **www.elite-bogen.com** | **Termine u. Kurse siehe Website** | **Rosenstr. 13** | **Tel. 0170 2980251**

KOMM, LASS UNS FLIEGEN!

Einmal vor, zwei zurück und fertig ist der Salto. So einfach geht's, und zwar dank der 75 Profi-Trampoline, die einen in fast schwindelerregende Höhen schleudern. Wem das nicht reicht, sollte aufs 3D-Völkerballfeld wechseln. Oder gleich zum Slam Dunk abheben wie einst Air Jordan. INSIDER TIPP Gutes Training für zukünftige »Ninja-Warriors«.

➔ **AIRHOP TRAMPOLINPARK**

Schwabing-Freimann | www.airhoppark.de | Mo–Do 12–21, Fr 12–22, Sa 9–22, So 9–21 Uhr | Ingolstädter Str. 172 | Tel. 089 70 80 99 07

DIE MACHT SEI MIT DIR!

Voller Spieltrieb voraus! Dunkle Räume, Nebelschwaden, sperrige Hindernisse, das sind die Welten, in denen sich die Star-Wars-Helden von morgen, mit Sensorweste und Laserpistole, beweisen müssen (Lasertag, ab 12 Jahren). Beim Paintball, ab 18 Jahren, fliegen einem die Farbkugeln nur so um die Ohren. Gefragt sind vor allen Dingen Teamplay und taktisches Geschick.

➔ **MVP PAINTBALL**

Garching | www.indoorgames.de | Di–Fr 16–23, Sa/So 11–23 Uhr | Robert-Bosch-Str. 12 | Tel. 0174 2 34 46 66

GESCHWINDIGKEITSRAUSCH

26 Rutschen, 2.500 Meter Rutschbahn und Millionen Liter von Wasser, in Europas größter Rutschenwelt wird selbst Papa wieder zum Kleinkind. Hier gibt's Adrenalinschübe für alle, denn gerutscht wird auf drei Leveln – Action, Family und X-Treme. Ein großer Spaß sind auch die neuen Outdoor-Bahnen, bei denen man um die Wette rutschen kann. Also, auf die Plätze …

➔ **GALAXY ERDING**

Erding | www.therme-erding.de | Mo–Do 14–21, Fr 14–23, Sa 9–23, So 9–21 Uhr | Thermenallee 1–5 | Tel. 081 22 55 00

TIEF IN DEN ABGRUND

XXL-Seilbahn für Große: Beim Flying Fox gleitet man vom Olympiadach aus 200 Meter übers Olympiastadion hinweg, bevor wieder fester Boden kommt. Zu erwähnen ist vielleicht noch, dass jeder Flugwillige zuerst noch über das Olympiadach muss, bevor es abwärts geht. Den Adrenalinkick gibt's für 40 Euro.

➔ **OLYMPIAPARK FLYING FOX**

Milbertshofen | www.olympiapark-muenchen.de | Termine auf der Homepage | Spiridon-Louis-Ring | Tel. 089 8 64 16 99 74 47

... DER LIEBEN FAMILIE

Essen gehen mit Kind und Kegel

GROSSSTADT-OASE

Gleich hinter der Bavaria, zur Linken der Bavariapark, zur Rechten das Verkehrsmuseum und mitten drinnen das Wirtshaus samt seinem Biergarten. Autos findet man hier nur museal, also optimal für Kinder zum Spielen und für die Erwachsenen zum Entspannen. Während die Plätze unter den Kastanien stets im Nu vergeben sind, zählen die beiden wirklich sehr gemütlichen Stüberln immer noch als eine Art Geheimtipp.

➔ **WIRTSHAUS AM BAVARIAPARK**

Schwanthalerhöhe | **wirtshaus-am-bavariapark.com | Mo–Fr 11–24, Sa/So 9–24, Biergarten 11–23 Uhr | Theresienhöhe 15 | Tel. 089 45 21 16 91**

SO LASSET SIE ALLE ZU MIR KOMMEN ...

Willkommen im Spieleland. Angefangen beim Holz-Piratenschiff bis hin zum Nostalgiekarussell, hier hat sich mal wirklich jemand Gedanken gemacht, wie man die Kleinen am besten bespaßt und Mama und Papa zu etwas Kinder-Frei-Zeit kommen. Sonntags: Kinderbasteln 13–17 Uhr mit Betreuung (Tischreservierung erbeten). Ach ja, die Menterschwaige ist Münchens einziger Biergarten mit INSIDER TIPP Original Buchenholz-Pizzaofen. Auch das lieben Kids.

➔ **GASTHOF MENTERSCHWAIGE**

Harlaching | **www.menterschwaige.de | tgl. 11–24 Uhr | Menterschwaigstr. 4 | Tel. 089 64 07 32**

MÜNCHENGEFÜHL

Das Schönste am ersten warmen Frühlingsabend ist das Brummen – und zwar das friedliche Brummen des Stimmengewirrs der Gäste im Augustiner-Keller. Und zwischendrin toben Scharen von Kindern am Spielplatz. Dann noch der Duft von frischem Steckerlfisch vom Holzkohlegrill, reschen Hendln und knusprigen Brezn, oh München, wie schön kannst du sein! Und wenn's regnet, wechselt man nach innen, wo im Bräustüberl, Festsaal oder im griabigen Lagerkeller reichlich Platz ist. Die Kleinen können ja weiterhin im Garten toben.

➔ **AUGUSTINER-KELLER**

Maxvorstadt | **www.augustinerkeller.de | Biergarten tgl. 11.30 –24 Uhr | Arnulfstr. 52 | Tel. 089 59 43 93**

NACH DER KIRCHE INS WIRTSHAUS

Eine richtig moderne, bayerische Stadtteilwirtschaft, die unten in der Au ihr Zuhause gefunden hat. Sonntags ist hier Familienausflug angesagt. Natürlich wird auch während der Woche groß aufgetischt, aber der INSIDER TIPP sonntägliche Brunch (19,80 Euro, Kids 6–12 Jahre zahlen die Hälfte) ist schon eine Nummer größer, delikater, opulenter, einfach gigantisch. Selbst Vegetarier werden überrascht sein, was sie alles essen »dürfen«. Nicht auf der Karte, aber reichlich Spiel- und Malzeug gibt's obendrein.

➔ FIEDLER & FUCHS

Untergiesing | **fiedlerundfuchs.de** | **Mo–Sa 11–1, So 10–1 Uhr** | **Voßstr. 15** | **Tel. 089 45 22 37 84**

NICHT VOM WEG ABKOMMEN

Abenteuerspielplatz, Tiergehege mit Ziegen, Heidschnucken und Eseln, ein Funpark, Minigolf und Wiesen zum Rumtollen. Das Highlight: ein INSIDER TIPP 30 000 qm großes Maislabyrinth im Juli und August. Da kann auch Oma mal die Füße hochlegen und lecker frisch gebackenes Krustenbrot mit hausgemachtem Obatzd'n genießen.

➔ FORST KASTEN

Gauting | **forst-kasten.de** | **Biergarten: Mo–Fr ab 11, Sa/So ab 10, Mai–Sept. Di–So 11–23, Okt.–April Mi–So 11–23 Uhr** | **Tel. 089 8 50 03 60**

ALLES FRISCH

Die Giesinger Biermanufaktur hat sich in kürzester Zeit zur zweitgrößten Privat-Brauerei in München gemausert. Im der Brauerei angeschlossenen Bräustüberl weht ein alternativ-bayerischer Wind, der authentischer ist als in jedem anderen altgedienten Bierlokal. Das Essen hervorragend, das Bier perfekt und dazu Musikanten, die mit der Quetschen und Gitarre von Tisch zu Tisch ziehen. Mehr Gemütlichkeit ist nicht möglich. Und das zu familienfreundlichen Preisen.

➔ GIESINGER BRÄU

Untergiesing | **www.giesinger-braeu.de** | **Mo–Do 11–23, Fr 11–24, Sa 10–24, So 10–22 Uhr** | **Martin-Luther-Str. 2** | **Tel. 089 55 06 21 84**

Es geht rund

Im Menterschwaige dreht sich's um Spaß – und zwar für alle

… DER GANZEN VERWANDTSCHAFT

Feste feiern, wo Platz für alle ist

FAST WIE IM HIMMEL

Da fühlt man sich gleich wie auf Wolke sieben. Die bis ins kleinste Detail und sehr liebevoll arrangierten Räume – ›Himmel‹ und ›Erde‹ – bieten Platz für bis zu 75 Personen. Soviel Himmel und Engel gibt es sonst wohl nirgends mehr in München. Und das Ganze kann bei geschlossener Gesellschaft bereits für 300 Euro gemietet werden. Verhungern muss auch niemand, denn Catering gibt's auf Anfrage. Also: Jauchzet und jubilieret wie die himmlischen Herrscharen!

➔ BRANDNER KASPAR

Untergiesing | **brandnerkaspar.de | Fr/Sa ab 20–4 Uhr | Sommerstr. 39 | Tel. 089 65 29 22**

COOLE ATMO UND KÜCHENZAUBER

Weltmeisterliches darf man erwarten, wenn Holger Stromberg persönlich fürs Party-Festmahl zaubert. Stimmt der Preis, dann gibt's gleich noch einen Kochkurs obendrauf. Deutschlands ehemals jüngster Sternekoch betreibt in seiner Wahlheimat München auch die Kounge (Kirchenstr. 88), ein cooles Wohnzimmer-Loft mit Monsterküche. Die größere Variante, bis zu 200 Personen, das Campus Loft, liegt auf dem Kreativ-Gelände Balan 73.

➔ CAMPUS LOFT

Ramersdorf | **www.holgerstromberg.de | Mo–Sa 10–23, So 10–22.30 Uhr | Balanstr. 73 | Tel. 089 6 21 89 40**

VON INDIE BIS FAMILY

Der Name verheißt Gutes und ja, im Feierwerk findet man für jede Gelegenheit die passende Location: ob 50 oder 1500 Gäste, vom Orangehouse (250 Pers.) bis zur Konzerthalle Hansa 39 (1000 Pers.). Parkplätze ohne Ende und den MVV vor der Haustüre! Und für Verpflegung sorgt die Feierwerk-Küche, falls man keine eigenen Ambitionen hat. Kurz: ein Rundum-sorglos-Paket fürs Partyvolk. So wird die Party, Firmenfeier oder Hochzeit gelingen! Und für den Kindergeburtstag lässt sich auch der Skatepark kurzerhand in Beschlag nehmen.

➔ FEIERWERK

Sendling-Westpark | **www.feierwerk.de | Hansastr. 39–41 | Tel. 089 72 48 80**

Himmlisch

Im Brandner Kaspar hängt der Himmel voller ... äh, Geigen sind bestimmt auch dabei

VORHANG AUF

Guten Abend, die Damen, guten Abend, die Herren – auf der Suche nach dem gewissen Extra für ihre Party? Dann auf ins Rationaltheater. INSIDER TIPP Bühne frei für den Star des Abends! Maximal 90 Gäste können applaudieren oder die Tanzfläche erklimmen. Oder doch eine private Filmvorführung? Hier mutieren die Urlaubserinnerungen dank Kinoleinwand gleich zum Monumentalfilm. Wer mag, kann das Catering gleich mitbuchen.

➔ RATIONALTHEATER

Schwabing-Freimann | **www.rationaltheater.de | Hesseloherstr. 18 | Tel. 0179 5306196 oder 089 335003**

DAS PERSÖNLICHE RESTAURANT

Klassisches Abendessen oder Big Party? Alles drin. Im Heimspiel können sich ca. 25 Personen bekochen lassen oder gar selbst unter Anleitung den Kochlöffel schwingen. Wenn's mehr sein sollen, ist eher die Stehparty-Variante mit Flying Bufett ratsam. Die reine Locationmiete liegt am Wochenende bei 400 Euro und einem Mindestumsatz von 1200 Euro.

➔ HEIMSPIEL

Isarvorstadt | **www.heimspiel-muenchen.com | nur Miet-Location | Ehrengutstr. 14 | Tel. 089 14330290**

GROSSES THEATER

Einmal im historischen Silbersaal im Deutschen Theater feiern, unter dem prachtvollen Deckengemälde übers Parkett schweben ... was für ein Feier(t)raum! Eine wahrlich tolle Top-Location für wirklich, wirklich besondere Anlässe. Unbestuhlt bietet sie bis 400 Gästen die Möglichkeit ausgiebig abzufeiern. Mit Konzertbestuhlung sind es noch 231 Plätze. Für 3000 Euro Miete kann man hier seinen Gästen großes Theater bieten. Catering? Na, klaro.

➔ SILBERSAAL | DEUTSCHES THEATER

Ludwigsvorstadt | **www.deutsches-theater.de/vermietung | Schwanthalerstr. 13 | Tel. 089 55234365**

HB

FÜR WELCHEN HUNGER DARF'S WAS SEIN?

RIESEN-KOHLDAMPF

Hier wird garantiert jeder pappsatt

Riesig lecker

Schnitzelhunger? Steinheil 16 hilft

LECKER ESSEN, BIS NIX MEHR REINPASST

Schon Generationen von angehenden Juristen, Philologen oder Pädagogen haben hier das recht preiswerte, bodenständige und vor allem reichhaltige Essen sowie die ein oder andere Halbe genossen. Kein Wunder, dass sie auch in ihrer zweiten Karriere den Weg hierher finden! Im Sommer sitzt es sich lauschig im versteckten Biergärtchen und wie in allen Egger-Lokalen kann man auch hier schmackhaftes Olivenöl, direkt aus Griechenland importiert, erstehen.

ATZINGER

Maxvorstadt | **www.eggerlokale.de | tgl. 9–1 Uhr | Schellingstr. 9 | Tel. 089 28 28 80**

FUTTERN WIE EINST LENIN

Pappsatt! So is' recht! Eine wahre Fleischorgie, so eine Schelling-Salon-Hausgrillplatte für zwei Personen (28,50 Euro). Wer sich für eins der täglichen Menüs entscheidet, bekommt mit Suppe, Hauptgericht und Dessert drei auf einen Schlag für wenig Geld. Da reiht man sich gerne ein in den Reigen hungriger Berühmtheiten wie Rilke, Lenin, oder Kandinsky, die einst der Hunger hierher trieb.

SCHELLING SALON

Maxvorstadt | **www.schelling-salon.de | Mo 10–0.30, Do–Sa 10–1, So 10–24 Uhr | Schellingstr. 54 | Tel. 089 272 07 88**

PIZZA IM WAGENRAD-FORMAT

Bärenhunger? *Avanti, avanti!* Hier gibt es solide italienische Kost, und zwar viel davon, serviert von stets gut gelauntem Personal. Eine Pizza, zwei Teller: So lautet das oberste Gebot in der L´Osteria. Knusprig, dünn und riesig – die Hefeteig-Rundlinge in der Filliale in Schwabing-West sind auch hier mächtig sattmachend. Serviert werden sie in den ehrenwerten Räumen des ehemaligen Romagna Antica, über das Helmut Dietl den Film »Rossini« drehte. Pssst: Die Außenfläche ist ein kleines Raucher-Refugium mit Wärmestrahlern!

L'OSTERIA ELISABETHSTRASSE

Schwabing-West | **www.losteria.de | Mo–Sa 11–24, So 12–24 Uhr | Elisabethstr. 52 | Tel. 089 28 80 30 40**

SCHNITZEL-PARADIES

Zufrieden zurücklehnen – so endet im Normalfall ein Besuch im Steinheil 16. Die riesigen, recht günstigen Schnitzel Wiener Art samt knusprig-frittierter Kartoffelscheiben haben bislang jeden mehr als satt bekommen. Die legendären Elefantenohren (okay, vom Baby-Elefanten – aber so sehen die Schnitzel echt aus) schmecken zum frisch vom Hahn gezapften Augustiner-Hopfensaft am besten. Hohe Studentendichte und oft voll (also der Laden), aber die netten Bedienungen finden meist für jeden noch ein Platzerl.

STEINHEIL 16

Maxvorstadt | **www.steinheil16.de | tgl. 10–1 Uhr | Steinheilstr.16 | Tel. 089 52 74 88**

WIE IM SCHLARAFFENLAND

Sushi? Peking-Suppe? Acht Kostbarkeiten? Alles querbeet? Spielt keine Rolle. Das Mittagsbuffet (tgl. 11.30–14.30 Uhr) ist ein scheinbar nicht versiegender Strom an mongolisch-chinesischen Köstlichkeiten (Mo–Fr 7,80 Euro, Sa 11,80 Euro, So 13,80 Euro). Wer lieber gen Abend hier einfallen möchte, der legt zwischen 18–22 Uhr acht Euro (15,80 Euro) drauf und darf sich so richtig durchfuttern.

ASIEN PERLE

Laim | **www.restaurant-asienperle.de | tgl. 11.30–15, 17.30–24 Uhr | Agnes-Bernauer-Str. 51 | Tel. 089 58 98 88 63**

SURHAXERL ZUM SATTESSEN

Verhungern muss hier wirklich niemand. Bestes Beispiel: Mittwochs ist Schlachttag, dann gibt´s auch mal Wellfleisch, Blut-und Leberwurst oder ein Surhaxerl samt Beilagen und das nicht zu wenig. Während der Wiesn ist die Dachterrasse des Lindwurmstüberls das Königsplatzerl für Schaulustige. Immer wieder faszinierend, wie die Massen sich zu den Maßen schieben. Und man selbst sitzt mittelnüchtern oben auf der Traditionswirtschaft und genießt das durchweg anständige Essen.

➔ LINDWURMSTÜBERL

Isarvorstadt | www.lindwurmstueberl-muenchen.de | tgl. 10–24 Uhr | Lindwurmstr. 32 | Tel. 089 53886531

LEKTION FÜR ZUAGROASTE

Bärbeissig-freundliche Bedienungen, biertrinkende Schnauzbartträger und Portionen, die locker auch mal für zwei reichen: Im Jagdschlössl und in seinem kleinen, aber feinen Biergarten gibt's das alles noch. Für alle Zuagroasten: Hier kann man schnuppern, wie es wohl in der guten, alten Zeit in München zuging. Schweinsbraten ist obligatorisch und Schmankerl wie Saures Lüngerl stehen auch auf der gut ausgestatten Speisekarte. Obacht: keine Kartenzahlung.

➔ JAGDSCHLÖSSL

Neuhausen | www.jagdschloessl-muenchen.de | tgl. 10–24 Uhr | Nymphenburger Str. 162 | Tel. 089 1689241

GIB DIR DIE NUDEL

Achtung, Pasta-Orgie! Ob Spaghetti, Penne oder Rigatoni, zusammen mit dem jeweiligen Sugo bilden die Nudeln (ab 5,95 Euro) eine leckere Genusseinheit, der es an Menge nicht fehlt. Noch ein Schnitzel Wiener Art zur Napoli dazu und fertig ist das üppige Menü für niedliche 9,45 Euro. Kleine Preise, große Portionen, gib dir die Nudel.

➔ PASTA E BASTA

Isarvorstadt | www.pastaebasta-web.de | tgl. 11.30–23.30 Uhr | Fraunhoferstr. 19 | Tel. 089 13939446

WIEGE DER BOHÉME

Anfang des 20. Jahrhunderts war der Alte Simpl der Bohéme-Treff schlechthin, auf seiner Bühne trat auch Karl Valentin auf. Und der war bekanntlich ein Hungerhaken. Lag aber sicher nicht an den Portionen, die sind riesig. Zu Burger satt, Schinken-Nudeln & Co gesellen sich mittags Gerichte ab 5,90 Euro. Aber früh schlemmen, denn die Schnäppchen-Teller sind meist zum Abend hin bereits ausverkauft. Sensationell: warme Küche am Wochenende bis 3 Uhr!

➔ ALTER SIMPL

Maxvorstadt | www.eggerlokale.de | So–Do 11–3, Fr/Sa 11–4 Uhr | Türkenstr. 57 | Tel. 089 2723083

Pappsatt

Hungern muss im Alten Simpl niemand

GUT FÜR DIE FIGUR

Bikini sitzt und trotzdem satt

ADIEU, KALORIEN

Also, dann mal ran ans Grünzeug und kräftig aufgeladen. Und das mit gutem Gewissen. Denn was frisch vom Acker kommt, liefern Gärtner aus und um München. In Sachen Nachhaltigkeit gibt es dafür eine glatte Eins. Und keine Angst vor Saucen und Beilagen, Olivenöl mit Zitronen- und Orangenabrieb und Weinessig, vor fettarmem Joghurt-Dressing, duftenden Mangowürfeln und schwarzen Oliven, da kann man sich sorglos noch ein bisschen Feta als Topping gönnen …

BLATTSALATE

Altstadt-Lehel | **salate-muenchen.de** | **Mo–Sa 11–19 Uhr** | **Schäfflerstr. 7** | **Tel. 089 21 02 02 81**

HEUTE MÜNCHEN, MORGEN NEW YORK

Ja, Dean & David ist eine Kette, die mit ihrer Salatbar von München aus versucht, den Rest der Welt kalorienarm und gut zu ernähren. Zu Hause klappt's jedenfalls recht gut. Und mit der entsprechenden Sonnenlage wie am Sebastianplatz lassen sich Bikini und lecker Salate bestens verbinden. Die passende Bräune gibt's dann noch obendrein. Als Durstlöscher folgt der nächsten Vitaminschub dank Superfood, sprich kaltgepressten Säften.

DEAN & DAVID

Altstadt-Lehel | **deananddavid.de** | **Mo–Fr 10–21, Sa 11–21 Uhr** | **Sebastiansplatz 6** | **Tel. 089 95 41 61 60**

EAT CLEAN, FEEL CLEAN

Essen mit Konzept, macht das nicht jeder? Der Unterschied hier: Auf den Tisch kommen nur naturbelassene Produkte. Selbstverständlich schonend zubereitet. Sogar Kohlenhydrate sind erlaubt. Aber künstliche Zusatzstoffe oder industriell verarbeitete Nahrungsmittel bleiben komplett außen vor. INSIDER TIPP Motto-Tage u. a. mit Garnelen. Gibt's gleich ein halbes Kilo davon. Gebraten in einem köstlichen Kräuter-Olivenöl. Fazit: kaum Kalorien, heißt Spitzen-Bikini-Figur.

WOOD

Schwabing-Freimann | **www.woodmunich.de** | **So, Di–Do 17.30–23, Fr/Sa 17.30–1 Uhr** | **Occamstr. 6** | **Tel. 089 33 73 15**

Es gibt Reis, Baby

Ja Mai: Genuss ohne Reue

SO BEKÖMMLICH UND LEICHT

Viel Gemüse, mageres Fleisch, tolle Aromen, im kleinen Bruder des preisgekrönten Hutong-Clubs sorgen Chinese BBQ Pork Ribs, Chinese Rojak, Crystal Shrimp Dumplings aus Hongkong oder Crispy Ginger Beef aus Szechuan für Freudentränen bei den Gästen und das auch auf der Waage. Absolut Award würdig. Und für alle, die dann doch sündigen wollen: Die Cocktail-Kreationen sind ebenfalls traumhaft. Freitags und samstags unbedingt reservieren.

➔ **DRUNKEN DRAGON**

Isarvorstadt | **www.thedrunkendragonbar.de** | **So–Do 18–1, Fr/Sa 18–2 Uhr** | **Müllerstr. 51** | **Tel. 089 24 21 61 15**

TYPISCH BAYERISCH

Man nehme eine Power-Prise bayerisches Ambiente, einen kräftigen Schuss vegan und heraus kommt kalorienarme und auch gesunde Küche, kurz: das Bodhi. Schnitzel, Roulade und Chicken Wings stehen zwar auf der Karte, aber dahinter verstecken sich Knuspersoja, Tempeh und Blumenkohl in Hot & Spicy Crust. Die Krönung: der sonntägliche, vegane Brunch (10–14 Uhr).

➔ **BODHI**

Schwanthalerhöhe | **www.bodhivegan.de** | **tgl. 17–24, So 10–14 Uhr** | **Ligsalzstr. 23** | **Tel. 089 41 14 24 58**

DAMIT DIE HOSE NICHT ZWICKT

Ja, mei, kein Wunder, dass in Vietnam der Bauchumfang wesentlich geringer ist als bei uns. Auf der Karte stehen fünf bis acht Gerichte. Deren Motto: Hanoi Food, also Reisnudelsuppen, dazu noch Mamas Reisnudelsalat sowie *thit kho* – geschmorter, karamellisierter Schweinebauch – und ein veganes Tofu-Gericht zu günstigen Preisen. Hier spart man Geld und Kalorien.

➔ **JA MAI**

Isarvorstadt | **www.ja-mai.com** | **Mo–Fr 11.30–15, 17.30–22, Sa 13–22 Uhr** | **Pestalozzistr. 9** | **Tel. 089 18 92 94 08**

Kill die Kilos!

Kaumuskel trainiert? Nun folgt der Rest!

STRANDSPIELE

Ob Sommer oder Winter, beim Baggern schmelzen die Kilos nur so dahin. Der Sand fordert jeden Muskel und der Spaßfaktor ist hoch. Auf den fünf Beachvolleyball-Indoor- und drei -Outdoorplätzen (14–108 Euro/2 Std.) lässt es sich ganzjährig schwitzen. Zur Muskelentspannung gibt's nach der Dusche ein kühles Getränk im Beachclub.

BEACH 38°

Berg am Laim | **www.beach38.de | Beachsport: Mo–Fr 15–23, Sa 11–23, So 11–17 Uhr | Friedenstr. 22 c | Tel. 089 63 98 95 10**

TÄGLICHE RADLTOUREN

Ja, mir san mit'm Radl da! Ob mit MTB, Tandem, Renn- oder Tourenrennrad – der ADFC bietet Tages-und Mehrtagestouren an, die vom gemütlichen Pedaletreter bis zum rasanten Sportler alle ins Schwitzen bringen. Das Allercoolste: Man muss sich bei den meisten Touren nicht anmelden, sondern einfach zum auf der Website veröffentlichten Treffpunkt kommen. Herrlich spontan und sportlich!

ADFC

www.adfc-muenchen.de | Tel. 089 77 34 29

FREILUFT-FITNESSSTUDIO

Trimm-Dich-Pfade – von wegen retro! In den 70er-Jahren schossen sie wie Pilze aus dem Boden. Heute findet man den Klassiker nur noch vereinzelt. Abgelöst wurden sie zum Teil von Fitnessparcours. Nahe der Brudermühlbrücke in den Isarauen liegt einer der besten. Alles top erklärt und vollkommen kostenlos.

TRIMM-DICH-PFAD ISARAUEN

Untergiesing | **www.trimm-dich-pfad.com | Candidstr. 30**

BAGGER DEN SPECK WEG

Münchens größtes Freibad bietet – neben drei Pools, einem Erlebnisbecken mit Strömungskanal, Kinderbecken, einer Sprunganlage sowie einer 57-m-Wasserrutsche – auch ein FKK-Areal mit einem Bereich nur für Frauen. Wenn beim Schwimmen die Kilos nicht purzeln, bleiben noch Beachvolleyball oder Fußball.

UNGERERBAD

Schwabing-Freimann | **www.swm.de | Mai–Aug. ab 10, Fr–So ab 9 Uhr, genaue Endzeiten wetterabhängig | Traubestr. 3 | Tel. 089 23 61 50 50**

AUF DIE MÜTZE

Links, rechts, abducken und dann volle Kanne den Upper Cut. Tausendmal gesehen und aus Spaß mitgemacht. In Natura ist dies allerdings etwas ganz anderes. Der beste Ort, um's zu lernen: Box-Kitchen, ein Gym der guten alten Schule, wie einst bei Max Schmeling. Für den gestressten Business-Mann: INSIDER TIPP Fast Workout Punch & Lunch (Do 11.45–12.45 Uhr).

BOX KITCHEN

Maxvorstadt | **www.box-kitchen.de | Mo–Fr 7–22, Sa/So 10–20 Uhr | Rundfunkplatz 4 | Tel. 089 1 89 31 07 29**

SO RICHTIG GESUND

So werd ich 100 Jahre alt!

EINFACH. NATÜRLICH. ESSEN

… klingt gut, schmeckt auch gut. Mal unabhängig vom eigenen Geschmackslevel, die 5-Sterne-Wertungen verschiedener Portale kann man nur unterstreichen. Die wechselnden Wochenkarten lassen nie Langeweile aufkommen und sind ein Beleg der äußerst kreativen, gesunden Küche. Ein Veganer im Univiertel, der dazu *very stylish* daherkommt, das ist eine fast unschlagbare Kombi.

➔ GRATITUDE

Maxvorstadt | **www.gratitude-restaurant.de** | **Di–So 18–23 Uhr** | **Türkenstr. 55** | **Tel. 089 88 98 21 74**

VEGETARISCH MAL ANDERS

Für den Einstieg in den edlen Tempel der Fleischlosen bietet sich der ›Tian Light Lunch‹ an. Das 2- oder 3-Gänge-Wunschmenü kommt dienstags bis freitags von 12–14 Uhr für 18 oder 23 Euro auf den Tisch, wenn man möchte, auch als vegane Variante. Willkommen in neuen Geschmackswelten voller gesunder, naturbelassener Köstlichkeiten!

➔ TIAN

€€€ | Altstadt-Lehel | **www.tian-restaurant.com/muenchen** | **Di–Fr 12–14, Sa 12–14.30, Di–Sa 18–21.30 Uhr** | **Frauenstr. 4** | **Tel. 089 8 85 65 67 12**

Alles bestens

Gratitude heißt ›Dankbarkeit‹, in dem Fall für die gesunde, köstliche Küche

ABSOLUT PROMILLEFREI

Schon gewusst? Max von Pettenkofer, Namensgeber des veganen Restaurants, war Vorsitzender des Vereins gegen den Missbrauch geistiger Getränke. Grund genug, keinen Alkohol auszuschenken. Bier und Wein gibt es nur ohne Promille. Ist ja auch irgendwie gesünder … Positiver Nebeneffekt: die Speisen wie der Ayurveda-Teller oder das Thai-Curry kitzeln den Gaumen noch mehr. Jeden INSIDER TIPP 1. Sonntag im Monat Brunchtime (10–15 Uhr).

➔ MAX PETT

Ludwigsvorstadt | **www.max-pett.de** | **Mo–Fr 11.30–23 Uhr, Sa/So 10–23 Uhr** | **Pettenkoferstr. 8** | **Tel. 089 55 86 91 19**

DER VORREITER

Wer bisher diesen Hort der hohen vegetarischen und veganen Kochkunst noch nicht kennt, dem ist wirklich etwas entgangen. Selbst die internationale Presse überschlägt sich regelmäßig mit Kommentaren. Die kulinarische Reise führt über den Fernen Osten nach Indien und Italien. Eine persönliche Empfehlung: das Kartoffel-Zucchini-Trüffelgratin. Ach ja, wem nach etwas Süßem ist, der sollte sich an die hausgemachten Kuchen und Desserts halten.

➔ PRINZ MYSHKIN

Altstadt-Lehel | **www.prinzmyshkin.com** | **tgl. 11–1 Uhr** | **Hackenstr. 2** | **Tel. 089 26 55 96**

TRAUMHAFTES NAHE SCHLOSS NYMPHENBURG

Während der städtische Prinz im Asphaltdschungel für gesunde Ernährung sorgt, hat sich sein Bruder in einer grünen Obermenzinger Oase niedergelassen. Das angeschlossen Parkhotel samt Restaurant sowie der umwerfende Außenbereich erheben das Myshkin in königliche Sphären. Das i-Tüpfelchen liefert die flexitarische Küche. Deren Fokus auf dem hohen Niveau der bekannten vegetarischen und veganen Kochkunst liegt. Doch finden sich auch Fisch und Fleisch ab und an auf der Karte wieder.

➔ PRINZ MYSHKIN GARDEN

Obermenzing | **www.prinzmyshkin-garden.com** | **Frühstück: Mo–Sa 6.30–10, So/Fei 7–11, Restaurant: tgl. 12–22 Uhr** | **Menzinger Str. 103** | **Tel. 089 8 11 10 01**

JA MEI, DIE RESI

Die Jungs und Mädels vom VollCorner schwimmen ja schon seit den Achtzigern auf der Bio-Welle und zählen zu den Top-Adressen Münchens, wenn es um gesunde, nachhaltige Lebensmittel geht. Mit der »Resi« starten sie ihr erstes richtiges Gastro-Konzept. Auf der Karte stehen Leckereien wie Kräuterrisotto mit krossem Coppa di Parma und Parmesanspähnen oder Spargel, Hühnerbrust mit Kräutern und Lardo, Corbiolo-Olivenöl und Petersilienkartoffeln. Natürlich bio, versteht sich von selbst. Und damit liegen sie voll im Viertel-Trend und dürften schnell ein Hotspot werden.

➔ RESIHUBER

Sendling | **www.resihuber.bio** | **Di–Sa 8–23 Uhr** | **Resi-Huber-Platz 1** | **Tel. 089 45 20 16 70**

SEELEN-FUTTER

Ganz viel Trost mit Schokoguss

DER KUCHEN-THERAPEUT

Ist draußen mal wieder Weltuntergangsstimmung, die Prüfung den Bach runtergegangen oder die Kollegin nervig, ein Stück Schneller-Kuchen hilft schnell. Zur Not einfach zwei oder drei essen. Der Familienbetrieb ist seit Generationen heißgeliebt. Dazu beigetragen hat eben auch die Konditorei, deren kleine Kalorienbomben einfach zu gut sind.

➔ **CAFÉ SCHNELLER**

Maxvorstadt | Mo–Fr 9–19, Sa 9–17 Uhr | Amalienstr. 59 | Tel. 089 28 11 24

IT'S A FAMILY BUSINESS

Nein, es sind keine Pfannkuchen, es sind Pancakes. Geschmacklich und überhaupt ganz anders. Aber nicht minder lecker. Den US-Klassiker mit Ahornsirup gibt's zum Frühstück samt Spiegeleiern plus knusprigem Speck. Erwärmt den Magen, aber auch Herz und Seele. Die Varianten reichen von Russland über Island und den USA bis nach Bayern.

➔ **MR. PANCAKE**

Maxvorstadt | mrpancakenews.wordpress.com | Mo–Fr 8–16, Sa 9–17, So 9–15 Uhr | Gabelsbergerstr. 34 | Tel. 089 89 05 90 57

FLAUSCHI-FLUFFI-WAFFELN

Manchmal packt einen die Sehnsucht nach der guten alten Zeit. Als man bei Omi auf der Hollywoodschaukel saß und sie ihre unglaublich leckeren Waffeln kredenzte. Wie früher – so ist die Friesische Teestube am Pündter Platz eine Rettungsinsel für Nostalgiker, die es einem ganz warm ums Herzerl macht. Wirt Ossi brüht INSIDER TIPP über 120 Sorten Tee, dazu selbst gemachten, göttlichen Kuchen und die flauschig-fluffigsten Waffeln in ganz Schwabing. Und das in urgemütlichem Ambiente. Kuscheliger geht nicht.

➔ **FRIESISCHE TEESTUBE**

Schwabing-West | www.friesische-teestube.de | tgl. 10–22 Uhr | Pündter Platz 2 | Tel. 089 34 85 19

SÜSSE KINDHEITSERINNERUNGEN

Ob jung oder alt, eine ganz bestimmte Nuss-Nougat-Creme hat schon so manche Frustwolke vertrieben. Einfach mit dem Finger durch die Creme, abgeschleckt und schon scheint die Sonne wieder. Die volle Dröhnung bietet die Eataly-Markhalle, in der sich das Nutella Café niedergelassen hat. Süße Kuchen, Crêpes und frisches Krustenbrot samt Aufstrich helfen raus aus jedem Stimmungstief.

➔ NUTELLA CAFÉ

Altstadt-Lehel | www.eataly.net/de_de/geschaefte/muenchen | Markt: Mo–Sa 10–20, Café: Mo–Sa ab 8, So ab 10 Uhr | Viktualienmarkt 15 | Tel. 089 2 48 81 77 11

EISKALTE VERFÜHRUNG

SOS. Herzschmerz? Die Welt ist schlecht? Der Venezia-Patron Seniore Moretto weiß, was der bayerischen Seele gut tut und bleibt dabei seiner italienischen Eiskunst treu, heißt es doch nicht umsonst, München wäre Italiens nördlichste Stadt. Und Eisbecher wie ›Ovi-Schok‹ oder die Spezialität des Hauses ›Veneziana‹ sind gute Gegenmittel gegen viele Übel.

➔ EISCAFÉ VENEZIA

Neuhausen | www.eiscafe-venezia-muenchen.de | tgl. 8–24 Uhr | Rotkreuzplatz 8 | Tel. 089 13 20 04

CRÊPES SCHWARZFAHRER

Achtung! Nächster Halt Postpalast! Wieder zu spät? Keine Angst, diese Trambahn fährt nicht weg. Denn die Wagen Nr. 28 und Nr. 29 haben feste Standplätze und dienen nur einem Zweck: der Verbreitung köstlicher, hauchdünner Crêpes. Ob süß oder herzhaft, ob Schoko-Amarena oder Scharfer Mexikaner, diese Haltestellen sorgen für reichlich Nervenfutter.

➔ TRAM CAFÉ

Maxvorstadt | www.tramcafe.de | Mo–Fr 11–21, Sa/So 14–21 Uhr | Wredestr. 10 | Zentrale Tel. 089 92 13 73 86

Moin, moin
Die Friesische Teestube lieben nicht nur Norddeutsche im Exil

Dumm gelaufen

Pannendienst - gleich nebenan

TOTALE EBBE AN DER BAR

Die Party im vollen Gange, die Stimmung auf dem Höhepunkt und dann wird der Notstand an der Getränkefront gemeldet. Panik! Jetzt hilft 0800-Alkoport-Mobil. Bier und Spirituosen, ja selbst Zigaretten und Snacks liefert der Service. Übrigens schon seit 2003 erfolgreich im Einsatz.

➔ 0800-ALKOPORT

Lieferzeiten: Mo–Do 20.30–1, Fr/Sa 20.30–3 Uhr | www.alkoport.de | Tel. 089 31 69 99 66

BESUCH DA, KUCHEN VERBRANNT!

Ganz einfach: Zum Hörer greifen, bei Kuchentratsch anrufen und kurz darauf stehen Zupf- und Käsekuchen oder Schokotorte als wär nichts gewesen zum Verzehr bereit. 20 Seniorinnen und Senioren verwandeln die Backstube in ein Schlaraffenland. Die Idee dazu hatten zwei junge Münchnerinnen. Geliefert wird von foodora.de und per Post, so klappt's auch am Wochenende.

➔ KUCHENTRATSCH

Schwanthalerhöhe | **www.kuchentratsch.com | Mo–Fr 9–18 Uhr | Landsbergerstr. 59 | Tel. 089 45 20 71 14**

DRAHTESEL VÖLLIG PLATT

Die Sonne scheint, der Picknickkorb ist gepackt, nur der blöde Drahtesel will nicht so wie man will. Loch im Schlauch? Kette kaputt? Kein Problem, in absoluten Notfällen kommen die Radldoktoren von Doctor Bike auch kurzfristig vorbei. In der Regel gilt aber, Termin vorher vereinbaren und schwupp kommt die mobile Praxis zu einem nach Hause. Neben den Reparaturkosten wird noch eine Anfahrtspauschale von 25 Euro fällig. Im schlimmsten Fall hilft der Doc auch mit einem Leihradl.

➔ DOCTOR BIKE

doctorbike.de | Tel. 089 271 81 43

ÜBERRASCHUNGS-PARTY

Der letzte Knopf will einfach nicht zugehen! Aber letztes Jahr hat doch alles noch gepasst! Goodbye, Schwarz-Weiß-Ball, nichts wird's mit dem Rendezvous. Tief durchatmen, alles wird gut, bei Kostüme Breuer gibt's auch Smokings, Cutaways und Anzüge zum Verleih (ab 95 Euro). Damit ist die Ballnacht genauso gerettet wie die Hochzeit.

➔ KOSTÜME BREUER

Schwabing-West | **www.kostuemverleih.com | Mo–Fr 10–19, Sa 10–14 Uhr | Hohenzollernstr. 22a | Tel. 089 33 87 72**

STEAK & OCHSENFETZEN PER APP

Was, morgen scheint die Sonne? Bestes Grillwetter und im Kühlschrank finden sich weder Würstl noch Steaks. Einkaufen ist auch nicht möglich. Dann Jäger & Sammler anfunken, online oder per App, schon bereiten Metzgermeister Florian Stocker und Lars Tinapp das Bio-Grillgut zu. Die Jungs sind 365 Tage im Einsatz.

➔ JÄGER & SAMMLER

Lieferzeiten: Mo–Fr 18–21, Sa/So 11–14 Uhr | www.jägerundsammler.de

SCHNELLER SNACK

Heißhunger? Auf zum Gegenangriff!

ES GEHT UM DIE ...

Alles wurscht, von wegen! Ob Nürnberger, Brat- oder Currywurst, Käsekrainer oder Feuerwurst, auf dem Grill werden alle Varianten mit viel Liebe gebrutzelt. Es gibt sogar Leute, die behaupten, ihre Currywurst wäre die beste Schwabings. Und im Trend: eine fleischlose Currywurst. Absolut top: ihr kleiner, verwunschener Biergarten. Bei Sonnenschein macht da der Würstlgenuss gleich noch mehr Spaß.

➔ ALLES WURSCHT

Schwabing-Freimann | www.alles-wurscht.com | März–Okt. Mo–Fr 11–20/21/22 Uhr, Sa/So s. Ankündigung auf Facebook, Winter: Nov.–Anfang März Mo–Fr 11–15/16 Uhr | Nikolaiplatz 3 | Tel. 089 34 07 74 43

BAYERISCHES SCHWEIN TRIFFT KOREA

Der Alltag kann schon ganz schön hart sein im Univiertel zwischen all den Vorlesungen, Rechtsanwaltskanzleien und Shops. Da kann es auch mal spät werden. Heißhunger? Hier der ultimative Stabilisierungstipp, auch bestens als Katerfrühstück geeignet. Nichts ist besser als koreanischer Schweinebauch – Metzgerei Magg Chiemgau – mit Reis und scharfem Krautsalat. Das öffnet die Poren und lässt den Körper wieder durchatmen.

➔ ZUM KOREANER

Maxvorstadt | www.zum-koreaner.de/amalien.html | Mo–Fr 9–22, Sa/So 11–22 Uhr | Amalienstr. 51 | Tel. 089 28 31 15

MEXIKO IM ORIGINAL

Was dem Türken sein Dürüm Döner ist, ist dem Mexikaner sein Burrito oder Quesadilla. Die hauchdünnen Weizenfladen werden dabei mit allerlei Würzigem gefüllt wie pikant geröstetes Schweinefleisch mit Grüne-Tomaten-Salsa. Oder doch lieber gegrillte Hühnchenbrust mit einem Mix aus Kürbiskernen, Erdnüssen und mexikanischen Gewürzen. Wie auch immer, Speedy Gonzales und Zapata wären stolz auf die Taquerias in München.

➔ LA TAQUERIA MILAGROS

Altstadt-Lehel | www.taqueria.de | tgl. 11–22 Uhr | Zweibrückenstr. 9 | Tel. 089 55 27 67 87
Moosach | Mo–Sa 11–20 Uhr | Im Mona/Pelkovenstr. 143–147 | Tel. 089 15 98 61 90

Von der Rolle

La Taqueria Milagros: Hier sind die Experten für gefüllte Teigfladen

KNÖDELLUST

Aus Fernost kommen viele leichte und sehr gesunde Gerichte, was auch auf diese Dumplings gegen den schnellen Hunger zutrifft. Die chinesischen Knödel oder besser gesagt, die gedämpften Teigtaschen sind gefüllt mit einem Rinder- oder Hühnerhackfleisch-Gemüse-Mix. Wobei Chili und Ingwer dem Ganzen einen zusätzlichen aromatischen Kick verpassen. Bloß kein Fleisch?! – Selbstverständlich fehlen auch die vegetarischen Taschen nicht.

➔ LEDU HAPPY DUMPLING

Altstadt-Lehel | www.ledu-dumpling.de | Mo–Do 11.30–21.30, Fr 11.30–22, Sa 12–22, So 12–21.30 Uhr | Theresienstr. 18 | Tel. 089 95 89 84 60

DEN RATSCH GIBT'S EXTRA.

»Wanderer, kommst du an ferne Orte, verkündige dorten, du habest Würstl liegen gesehn, alle von feinster Herkunft und soweit das Auge reichte.« Pfälzer, Wiener, Weiß- und Stockwürste, alles frisch gebrüht und schnell verkauft, so lieben es die beiden Würstl-Königinnen am Viktualienmarkt. **INSIDER TIPP** Eine der besten Würstlbuden weit und breit.

➔ TELSCHICK'S WURSTSTANDL

Altstadt-Lehel | Di–Fr 9–18, Sa 8–15 Uhr | Viktualienmarkt 3/ Stand 17 34, Abteilung III | Tel. 089 26 52 62

DA SPRÜHEN DIE FUNKEN

Vorsicht am Altstadtring, da ist doch glatt ein mexikanischer Food-Komet eingeschlagen. Wobei der Name Cometa eigentlich für Contemporay Mexican Taqueria steht. Also nix mit Tex-Mex, sondern es gibt die »heilige mexikanische Trilogie«. Und das sind: Mais, Bohnen und Chili. Im klassischen Streetfood-Style verpackt in Tacos, Burritos oder Quesadillas.

➔ COMETA

Altstadt | www.cometamexico.com | Mo–Do 11.30–21, Fr 11.30–22, Sa 12–22 Uhr | Karlsplatz 3 | Tel. 089 59 99 28 85

LOKALE LOKALE

So isst München

WAHRE MÜNCHNER BRAUKUNST

»Setz´di hera, samma mehra!« So läuft´s in der Bierhalle in der Augustiner Bräustuben – an großen Tischen und Bänken wird so lang zammgruckt, bis jeder Platz besetzt ist. In den heiligen Hallen der ältesten Brauerei Münchens gibt es Bayerisch *at it´s best,* die Schweinsbratenkruste ist so rösch, so bekommt man sie woanders kaum. Sommer-Schmankerl: Auf der Dachterrasse sitzt es sich gmiatlich-friedlich!

➔ **AUGUSTINER BRÄUSTUBEN**

Schwanthalerhöhe | www.braeustuben.de | tgl. 10–24 Uhr | Landsberger Str. 19 | Tel. 089 50 70 47

DER HEILIGE BERG RUFT

Wer den Nockherberg erklimmt, der weiß seit jeher, dass da droben – der Höhenunterschied beträgt sagenhafte 50 Meter! – zur Starkbierzeit das heilige Bier, der Salvator, ausgeschenkt wird. Ab sofort gibt's täglich auch vorzügliches Hausgebrautes wie das »Nockherberger«, »Barnabas« oder den »Vladimir«, einen falschen »Russ'n«. Verantwortlich hierfür: Braumeister Uli Schindler. Sein Gegenpart in der Küche: Florian Lechner, der ehemals legendäre Moar-Wirt und -Chefkoch. Kein Wunder also, dass die Massen wieder hoch auf den Berg strömen. Kulinarisch ganz weit vorne dabei!

INSIDER TIPP Die chillige Biergarten-Lounge neben der Kastanienoase.

➔ **PAULANER AM NOCKHERBERG**

Au-Haidhausen | www.paulaner-nockherberg.com | tgl. 11–24 Uhr | Hochstr. 77 | Tel. 089 4 59 91 30

MEHR ALS NUR EIN WIRTSHAUS

Beppi Bachmaier und sein Fraunhofer sind Kult! Da wird geratscht, philosophiert, gestritten, umeinander geschaut, geflirtet, studiert, gesungen und musiziert und selbstverständlich auch gegessen. Alles dampft noch so richtig, wenn's durch die historische Küchenanreiche herausgegeben wird. Die gute Hausmannskost wissen nicht nur die zahlreichen Stammgäste sehr zu schätzen. Und satt geworden ist noch ein jeder hier.

➔ **FRAUNHOFER WIRTSHAUS**

Isarvorstadt | www.fraunhofertheater.de | Mo–Fr 16.30–1, Sa 11–1, So 10–1 Uhr | Fraunhoferstr. 9 | Tel. 089 26 64 60

Kultig

Fraunhofer Wirtshaus: Treffpunkt seit mehr als 200 Jahren

SPANNEND: EIN NEUER BRÄU

Aus und vorbei ist es mit der Sünde. Tabledance war gestern, ab jetzt löscht nicht billiger Schampus die durstigen Kehlen, sondern ein frisch gebrauter Hopfensaft, und der knurrende Magen erfährt dank bayerischer Leibspeisen Beruhigung. Dahoam is dahoam, mit dem Schillerbräu kehrt ein Stück Bayern ins Bahnhofsviertel zurück.

INSIDER TIPP Brauereiführung mit Biertasting ab 14,50 Euro.

➔ SCHILLERBRÄU

Ludwigsvorstadt | www.schiller-braeu.de | Mo–Fr 16–23, Sa 16–24 Uhr | Schillerstr. 23 | Tel. 089 8 90 58 48 20

FRISCH GEZAPFT

Ist das Augustiner-Holzfass erst einmal angestochen, kennt der Durst bei manch einem Gast kein Ende. Es schmeckt halt, so ein frisches »August«. Die Eckwirtschaft hat so viele Fans, dass es platztechnisch schon einmal zu Engpässen kommen kann. Es lohnt sich aber zu warten. Wer reichlich Hunger mitbringt, kann sich am Bauernteller Isarthor laben. Für 16,40 Euro gibt's eine Portion Bauernente, einen Schweinsbraten plus Semmelknödel und Blaukraut.

➔ GASTHAUS ISARTHOR

Altstadt-Lehel | www.gasthaus-isarthor.de | tgl. 10–1 Uhr | Kanalstr. 2 | Tel. 089 22 77 53

Skat-runde

Gasthaus Isarthor ist Trumpf

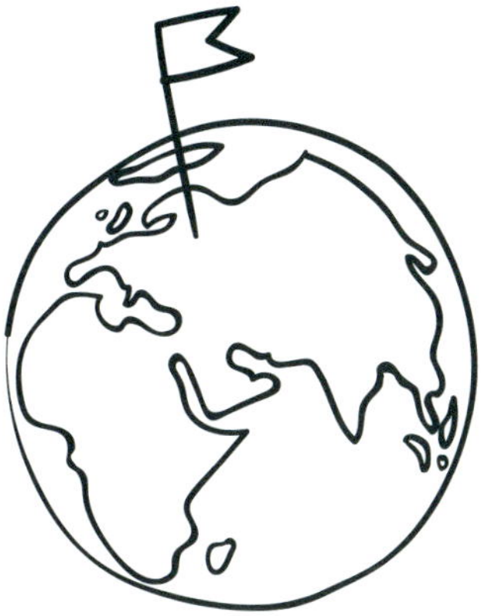

RUND ALLEIN NÜTZT NICHTS

Drunt in der Au scheinen die Knödel besonders gut wachsen. Liegt das vielleicht am nahen Isarwasser? Ganz gewiss nicht. Riesenknödel sind das Markenzeichen des Wirtshauses in der Au, selbst ein Knödelkochbuch hat der Wirt herausgegeben. Auf der Wiesn betreibt er die Knödelei. Gut essen kann man bei ihm sowieso. Wenn's um die Knödel geht, versteht er keinen Spaß, darum veranstaltet er auch regelmäßig eine Knödel-Akademie.

➔ WIRTSHAUS IN DER AU

Au | wirtshausinderau.de | Mo–Fr 17–24 Uhr, Sa/So 10–24, Küche jeweils bis 23 Uhr | Lilienstr. 51 | Tel. 089 4 48 14 00

WIE IM MÄRCHEN

Fleiß zahlt sich aus, dass wissen alle nicht erst seit den Märchen. Frau Holle hat Julia Schneider, Petra Mirwald und Karin Stüwe reich beschenkt mit Können, Geschmack, Herzlichkeit und einer guten Portion Selbstvertrauen. Ihr Essen: eine Sensation und zugleich eine kulinarische Reise von Bayern über die Alpen bis nach Italien. Stellvertretend hierfür: die Terrine vom niederbayerischen Wasserbüffel mit roh mariniertem weißem Schrobenhausener Spargel oder das Risotto mit jungen Brennesseln, Brennesselpesto und Pinienkernen.

➔ GOLDMARIE

Isarvorstadt | www.goldmarie-muenchen.de | Mo–Fr 12–15, 18–24, Sa 18–24 Uhr | Schmellerstr. 23 | Tel. 089 51 66 92 72

FRISCHER, JÜNGER, LEBENDIGER

Leider erwiesen sich in den letzten Jahren die Schwalben-Chefs als wahre Zugvögel. Dies dürfte nun vorbei sein. Mit Familienvater Dirk Zeilmann nistet hier nun ein erfahrener »bunter Vogel«, der einst schon zum legendären Tramin-Team gehörte. Mit seiner bodenständigen süddeutschen Küche wird er sich schnell einen Namen machen. Das Ambiente samt historischer Kegelbahn ist sowieso top, hinzu kommt der Retro-Charme eines der INSIDER TIPP letzten Münchner Hinterhof-Wirtsgärten.

➔ ZUR SCHWALBE

Schwanthalerhöhe | www.zurschwalbe.com | So–Fr 11.30–24, Sa 17.30–24 Uhr | Schwanthalerstr. 149 | Tel. 089 23 02 14 47

FRIEDLICH VEREINT MIT TOURISTEN

Quasi gegenüber von Schloss Nymphenburg gelegen, kehren naturgemäß etliche Touristen in die Traditionsgaststätte am Nymphenburger Kanal ein. Trotzdem haben hier auch Münchner was zu suchen, die Weißwürste genießen besonders guten Ruf. Und zwar so gut, dass sich in den 1950er-Jahren die damaligen Wirtsleute jeden Sonntag mit einem Kumpel hier trafen und der Legende nach jedes Mal 40 Weißwürste verspeisten. Wohl bekomm´s!

➔ METZGERWIRT

Nymphenburg | www.metzgerwirtmuc.de | tgl. 10–23 Uhr | Nördliche Auffahrtsallee 69 | Tel. 089 17 04 70

ECHT EXOTISCH

Sieht komisch aus, schmeckt aber super

FINGERÜBUNG

Essen mit Messer und Gabel? Nix da, im äthiopischen Restaurant Blue Nile gibt es wahrhaftiges Fingerfood mit so klangvollen Namen wie *dorowot* (Hähnchen), *atiklwot* (Gemüse) oder *begwot* (Lamm). *Ingera* heißt das leicht gesäuerte, weiche Fladenbrot, in das man das zarte Fleisch oder pikante Gemüse der Hauptspeisen einwickelt. Schon eine kleine Schweinerei, aber halt auch eine sauleckere!

➔ BLUE NILE

Schwabing-West | Mo–Sa 18–1, So 18–24 Uhr | Viktor-Scheffel-Str. 22. | Tel. 089 33 03 99 87

KÖSTLICH KOSCHERES VOM FEUER

Selbst wenn es draußen schneit und stürmt, der Grill von Ben Malenboym steht fast immer unter Feuer. Er kann es sich auch gar nicht leisten, dass die Glut erlischt, zu gut sind seine israelischen Grillspezialitäten. Die Genussvielfalt seiner Küche testen Hungrige am besten mit der Eclipse-Grillplatte. Dazu noch etwas Hummus Znobarim (mit Pinienkernen), Tabule und Kruv Lavan (Weißkrautsalat) und fertig ist der original israelische Festschmaus.

➔ ECLIPSE

Maxvorstadt | www.eclipse-grillbar.de | tgl. 11.30–23 Uhr | Heßstr. 51 | Tel. 089 52 22 21

AUF DEN SPUREN DER MAHARADSCHAS

Bollywood lässt grüßen: Im Palast der Winde herrscht eine farbenfrohe Atmosphäre durch und durch. Indien steht für eine Vielfalt an Aromen und exotischen Gewürzen, die unseren Gaumen auf kulinarische Reise durch ein Land führen, das auch ein Herz für Vegetarier hat. Dafür stehen Gerichte wie *Alu Chana Masala* (Kichererbsen-Curry mit Zwiebeln, Ingwer und Kartoffeln) oder *Malai Kofta*. Ein Muss: die Tandoori-Spezialität *Hariyali Tikka* (mariniertes Hühnerfleisch in Spinat, Minze und Koriandersauce), zubereitet in einem speziellen Holzkohle-Lehmofen.

➔ PALAST DER WINDE

Isarvorstadt | www.palastderwinde.de | tgl. 11.30–14.30, 17.30–23 Uhr | Hans-Sachs-Str. 8 | Tel. 089 26 32 78

Schalom

Israelische Küche schmeckt im Eclipse nach Orient

FUSION-KITCHEN

Urlaub. Einen Abend lang. Tamales (gefüllte Bananenblätter), kubanisches Rinderstew, Bahama Seafood-Burger – wer hier in die Karibik aufbricht, wird nicht enttäuscht. Über die Jahrhunderte wurde deren Küche von den verschiedensten Kulturen beeinflusst, ihre Leichtigkeit und die Vielfalt ihrer Aromen hat sie sich bis heute bewahrt. Da braucht's nur noch einen guten Rum. Wenn man dann noch auf der Sonnenterrassse sitzt, ist das Karibik-Feeling perfekt. Übrigens: Wer mehr über das flüssige Gold der Karibik wissen möchte: Es werden besondere Rum-Tastings veranstaltet.

➔ CARRIBEAN EMBASSY

Schwanthalerhöhe | www.caribbean-embassy.de | Mo–Do 18–23, Fr 18–24, Sa 18–1 Uhr | Ganghoferstr. 68 | Tel. 089 54 03 06 10

AUF DEN SPUREN DES YETI

Ein farbenfroher Tempel, dieses Himalayan Food House. Da fehlen selbst die tibetanischen Gebetsfahnen nicht, die man aus den Bergsteiger-Dokus kennt. Wer Lust verspürt, den Himalaya geschmacklich erklimmen zu wollen, der sollte *Momos* (gefüllte Teigtaschen, in Wasserdampf gegart oder gebraten) oder *Thukpa,* den Nudelsuppen-Eintopf der Sherpas, probieren. Na dann, *namaste!*

➔ YAK & YETI

Neuhausen | yakandyeti.de | Di–So 11.30–14.30, 17.30–23.30 Uhr | Blücherstr. 1 | Tel. 089 16 78 58 38

Für Testesser

Im Mongo's wandert frisch Gebrutzeltes auf den Teller, so viel und so oft man will

KULINARISCHE GRÜSSE AUS DEM KAUKASUS

Hallo, Herr Hausbesitzer, streichen Sie doch bitte mal wieder Ihre Fassade. Sieht ja wie im tiefsten Ostblock aus. Zum Glück hält es der Wirt anders und lässt die georgische Gastfreundschaft im Iveria aufleben. Alles ist schön eingedeckt, die Ober tragen noch klassisch Schwarz-Weiß und die Chefin steht selbst am Herd. Schnell hat sich rumgesprochen, was alles Köstliches aus dem Kaukasus kommt. Für Fleischliebhaber ein Ort der puren Freude.

➔ IVERIA

Isarvorstadt | www.iveria-muenchen.de | Di–So 13–24 Uhr | Lindwurmstr. 159a | Tel. 089 22 84 39 93

SAMBA-SCHMANKERLN AN DER ISAR

Münchens einziger Brasilianer ist gleich in doppelter Hinsicht einen Besuch wert. Zum einen wäre da die große Auswahl an über 50 verschiedenen, handgebrannten Cachacas, der hochprozentigen Spezialität Brasiliens, die es mittlerweile auch als 16-jährige Edelspirituose gibt. Und zum anderen allerlei Kulinarisches wie Coxinha oder Bolino de Bacalhau, das aus der Küche aufgefahren wird.

➔ VER-O-PESO

Haidhausen | www.veropesobar.de | Di–Sa ab 18 Uhr | Rosenheimerstr. 14 | Tel. 089 44 49 97 99

MONGOLEN-FEUER

Schon mal Känguru oder Krokodil gegessen? Hier gilt das Straußensteak schon als normal. Exotischer als im Mongos geht es wohl nicht! Ein Blick auf den Mongos-Food-Market verspricht einen ganz neuen BBQ-Gaumenkitzel. Beim Seafood stehen zudem Peterfisch oder Zackenbarsch auf der Karte. Der beste Zeitpunkt für dieses kulinarische Abenteuer bietet sich beim sonntäglichen Brunch (Okt.–April 11.30–16 Uhr).

➔ MONGO'S

Altstadt-Lehel | www.mongos.de/de/restaurant/muenchen.php | Mo–Do 17–24, Fr/Sa 17–1, So 11.30–16, 17–24 Uhr | Oberanger 28 | Tel. 089 23 22 58 00

POLYNESISCHER ZAUBER

Auf großer Fahrt wie einst James Cook, der Entdecker der Südsee, fühlt man sich spätestens nach dem zweiten Menehune. Diese Cocktail-Spezialität, gewidmet den polynesischen Wichtelmännern und -frauen, ist eine optimale Begleitung für all die Köstlichkeiten vom chinesischen Ofen, der für sich schon ein absoluter Hingucker ist. Die hawaiianische Spezialität, das *Barbecued Suckling Pig,* gibt es leider erst ab 14 Personen, aber es ist der Südsee-Hochgenuss. Die Alternative: *Roasted Peking Duck Trader Vic's style.*

➔ TRADER VICS

€€€ | Altstadt-Lehel | www.bayerischerhof.de | tgl. 18–24 Uhr | Promenadeplatz 2–6 | Tel. 089 2 12 09 95

Weltreise in München

AFRICAN BEAUTY

Haarverlängerung, Perücken, Haarteile, viele kleine Zöpfchen flechten lassen oder sich die Königsdisziplin der Rastas zwirbeln lassen – die Dreadlocks! Im gemütlichen Laden gleich bei der Erlöserkirche sind viele Afrikaner Stammkunden oder Bleichgesichter, die sich auch mal die Haare schön machen lassen wollen.

IMO HAIR

Schwabing-Freimann | www.imo-hair.de | Mo–Sa 10.30–18 Uhr | Leopoldstr. 96 | Tel. 0172 85 48 19 23

WELLNESS À LA 1001 NACHT

Schon die Osmanen wussten, wie wohltuend ein kleiner Abstecher ins türkische Dampfbad sein kann. Einfach wie in 1001 Nacht: orientales Flair und osmanisches Baderitual. Dabei lässt man sich von *tellak* oder *natir*, Bademeister und Badefrau, mit verschiedenen Massagen, wie der berühmten Seifenschaummassage, und Wassergüssen verwöhnen. Nach Ruhe- und Genussphasen fühlt man sich wie neugeboren.

HAMAM ANATOLIA

Obergiesing | www.hamamanatolia.de | tgl. 10.30–22 Uhr | Wirthstr. 1 | Tel. 089 38 90 58 58

BLÄTTER UND WASSER

In Japan, dem Land der aufgehenden Sonne, wird Tee nicht einfach getrunken, der Genuss wird regelrecht zelebriert. Da kommen selbst die Briten nicht mit. Die hohe Kunst der Urasenke, einer alten Kyotoer Teeschule lässt sich einmal monatlich im Englischen Garten erleben und genießen. Großmeister Dr. Soshitsu Sen stiftete hierfür 1972 das Teehaus Kanshoan.

JAPANISCHES TEEHAUS

Altstadt-Lehel | www.urasenke-muenchen.de | 1x monatl. Sa/So | Eingang Englischer Garten/Haus der Kunst | Tel. 089 22 43 19

Wenn das kleine Fernweh kommt

BOLLYWOOD LÄSST GRÜSSEN

Ach, am Bildschirm sieht alles so einfach aus. Tänzerinnen in bunten Gewändern wirbeln durch die Kulisse und Shah Rukh Khan singt schmachtvolle Lieder. Harte Realität: Ohne ein hohes Maß an körperlicher Fitness und Beweglichkeit kann man Bollywood vergessen. Doch dank Lehrerin Chandra Devi kein Problem. Zusammen mit Bharata Natyam betreibt sie das Zentrum für indischen Tanz und Kultur.

➔ NATYADHARA

Obergiesing | www.natyadhara.de | Termine s. Kursplan | Kühbachstr. 9 | Tel. 0179 1 27 40 26

SAWASDEE KA!

Willkommen in Thailand! Und zwar so richtig. Man möchte Augen, Nase und Ohren kaum trauen, sobald man den von außen nicht sehr attraktiven Eingang in der Schraudolphstraße hinter sich gelassen hat: exotische Düfte, liebreizende asiatische Klänge und alles puschelig-kuschelig eingerichtet. Der sanfte Singsang der thailändischen Masseure zur Begrüßung entspannt bereits im Voraus, die Profi-Massagen zu durchaus erschwinglichen Preisen erst recht.

➔ SIAM ORCHID MASSAGE

Maxvorstadt | www.siamorchid.de | Mo–Sa 9.30–21 Uhr | Studio 1: Adalbertstr. 45 Studio 2: Schraudolphstr 24 | Tel. 089 33 09 94 60

SLYRS CAFFEE LUNCHERY
SLYRS Bavarian Single Malt Whisky
SLYRS für alle Sinne.
Whisky erleben, Berge genießen,
SLYRS entdecken.
Täglich geöffnet von 10.00-18.00 Uhr · Letzte Besichtigung: 17.00 Uhr
Sonn- und Feiertage geöffnet.
Besuchen Sie auch unsere SLYRS Caffee & Lunchery
Von 9.00 - 17.00 Uhr frischer und gesunder Genuss aus der Region
Dienstag Ruhetag.
Bayrischzeller Straße 13 · 83727 Schliersee / Neuhaus · Tel: 0 80 26/9 222 795
info@slyrs.de · www.slyrs.com
SLYRS BAVARIAN SINGLE MALT WHISKY DESTILLERIE

MEHR ALS NUR ESSEN!

SCHAU-PLÄTZE

Sitzen, essen, Leute gucken

PIZZA UND POSER

Ein gutes Platzerl, um Modeverfehlungen, röhrende PS-Poser und schleppende Shopper zu beobachten, ist die Terrasse der preisgünstigen Pizzeria Via Appia im ehemaligen Roxy an der Leopoldstraße. Kunterbunte Flaneure auf dem Präsentierteller und Pizza oder Pasta auf dem Porzellanteller – ergeben eine amüsante Mischung.

➔ VIA APPIA

Schwabing-Freimann | **www.viaappia-muenchen.de | So–Do 11–24, Fr/Sa 11–1 Uhr | Leopoldstr. 48 | Tel. 089 95 41 77 63**

M'BAREKS BAR

Ein hübscher Kerl ist er schon, der Elyas M'Barek. Aber auch etwas unnahbar und Selfie-allergisch, wenn man den vielen Erfahrungsberichten Glauben schenken darf. Der Schauspieler ist nebenberuflich Mitbetreiber der Italo-Bar Paisano mit dem unverkennbaren Zebrastreifen-Boden und sitzt durchaus gerne mal höchstpersönlich an der Theke. In diesem Fall: Contenance behalten und einfach an den Tagliolini mit schwarzem Trüffel und am Vino bianco laben.

➔ PAISANO

Altstadt-Lehel | **www.paisano.de | Mo–Do 10–24, Fr/Sa 10–2 Uhr | Färbergraben 10 | Tel. 089 25 54 42 88**

BROTZEIT INKLUSIVE SOCIAL SPOTTING

A feine G'schicht! Der Viktualienmarkt, der Gemüsegarten der Stadt, ein Schlaraffenland für Feinschmecker. Erst ein paar frische Leckereien einkaufen, dann in den Biergarten setzen, sich eine frische Maß holen (alle sechs Wochen wechselt das Münchner Bier) und Brotzeit machen. Nebenher kann man den Standlbetreibern wunderbar bei der Arbeit zusehen.

➔ VIKTUALIENMARKT

Altstadt-Lehel | **www.biergarten-viktualienmarkt.com | Mo–Sa 9–22 Uhr, bei schönem Wetter auch sonntags | Viktualienmarkt 9 | Tel. 089 29 75 45**

LOGGIA AN DER OPER

Dolce Vita an der Piazza. Ein Flair wie im Sommerurlaub in Italien! Bei lauen Temperaturen unter den Arkaden der Klenze-Loggia im Palais an der Oper zu sitzen, zu schauen, zu staunen und zu sinnieren – so kann man doch mal alle Fünfe gerade sein lassen. Nach dem Relaxmoment serviert das Kuffler-Team gerne noch Fisch, Seafood und Fleisch vom Grill, inspiriert von der kalifornischen Westcoast Kitchen. Im Sitzbereich der Kuffler-Suite kann man sich auch einfach auf einen Vino, einen Aperitivo oder einen Longdrink niederlassen.

➔ KUFFLER

€€€ | Altstadt-Lehel | **www.kuffler.de | tgl. 10–1 Uhr | Hofgraben 9 | Tel. 089 22 22 48 40**

PROMI-WATCHING

Altbekannt –, aber bekannte Gesichter gucken funktioniert hier immer noch super. Das Schumann's, die Münchner Kathedrale der Barkultur und des Roastbeefs mit Bratkartoffeln, steht bei Promis hoch im Kurs. Wer sich lieber auf die fantastischen Cocktails konzentrieren mag, geht in die erste Etage ins INSIDER TIPP Les Fleurs du Mal hinauf, versinkt im Teppich und erweitert an der langen Tafel den hochprozentigen Horizont.

SCHUMANN'S

Maxvorstadt | www.schumanns.de | Mo–Fr 8–3, Sa/So 18–3 Uhr | Odeonsplatz 6–7 | Tel. 089 22 90 60

STEAKS UND SCHALENTIERE MIT AUSSICHT

Schönes Gebäude von außen, schöne Aussichten innen – auf die geschäftige Straßenszenerie, auf den imposanten Justizpalast und auf durchgestylte Mitmenschen an den Tischen. Die besten Plätze sind die am Panoramafenster. Spätestens wenn das Pfund Garnelen mit Safran-Aioli und Kräuterbutter oder das Wagyu-Filet mit Fries verführerisch in die Nase steigen, ist aber wieder Konzentration aufs Innenleben angesagt. Kulinarischer Hochgenuss zum entsprechenden Preis.

THE GRILL

€€€ | Altstadt-Lehel | www.the-grill-munich.de | Mo–Do 18–24, Fr/Sa 18–1 Uhr | Lenbachplatz 8 | Tel. 089 45 20 59 50

Viel zu gucken
Ein echter Logenplatz, das Kuffler

TOP-SERVICE

Die haben ihr Trinkgeld echt verdient!

PFUNDIGER ENTERTAINER

Der Roy im Roy heißt Günther. Er hat sich als singender Wirt einen Namen gemacht und war der männliche Part der Geschwister Pfundig. Beste Entertainment-Qualitäten sind also vorhanden. Und die spielt er auch täglich aus, verbunden mit viel Herz und alpinen Schmankerln für den Bauch aus der Küche. Tolle Idee für Verliebte: **INSIDER TIPP** das leckere Fondue for two mit Champagner-Empfang.

➔ ROY

Altstadt-Lehel | www.bar-roy.net | Di–Sa 18–4 Uhr | Herzog-Wilhelm-Str. 30 | Tel. 089 59 25 96

CHARMANT UND MANCHMAL OPULENT

Immer diese Völlerei! Der Name Cenone bedeutet übersetzt opulentes Abendessen. Aber bitte nicht einschüchtern lassen: Bei Christian und Antonio ist ein X-Gänge-Menü keineswegs Pflicht. Eine einfache Pizza Cenone mit pikanter Wurst und ein Glas Wein tun's durchaus. Egal ob üppig oder spartanisch, die Jungs umsorgen ihre Gäste mit ganz viel Charme und Fachwissen, wenn's um die Wahl des richtigen Rebensafts geht. Alle paar Wochen lassen sie sich wundervolle Menüabende einfallen. Dann darf's auch gern mal opulent werden …

➔ CENONE

Schwabing-Freimann | www.cenone.de | Mo–Fr 12–14.30 und 18–23.30, Sa 17–24 Uhr | Occamstr. 11 | Tel. 089 38 89 94 99

MIT FLIEGE UND HOSENTRÄGER

Obwohl man sich ja selber ungern in ein Korsett zwingen lässt, verbreiten Kellner in einheitlicher Arbeitsmontur doch einen besonderen Charme. Weißes Hemd, schwarze Fliege, Hosenträger und Schürze – *vraiment très chic chez Fritz!* Und gute Manieren haben die Jungs natürlich auch. Zum Essen empfehlen wir auf jeden Fall die Bouillabaisse, die es im Klein- und im Großformat gibt. Wer die Fischsuppe als Vorspeise nimmt, lässt noch Platz fürs Rinderbäckchen mit Kartoffelpüree und Wurzelgemüse.

➔ CHEZ FRITZ

€€€ | Haidhausen | www.chezfritz.de | Di–So 17.30–1 Uhr | Preysingstr. 20 | Tel. 089 4 48 76 76

ZIEMLICH BESTE FREUNDE

Du kommst als Fremder und gehst als Freund. Was Roger und Roland in ihrem französisch-kreolischen Wohnzimmer an Fürsorge an den Tag legen, ist eine echte Rarität. Geburtstagskinder sollten schon beim Reservieren mit offenen Karten spielen, sie werden beim Besuch mit offenen Mündern dastehen. Was auch an den kulinarischen Verlockungen liegt – angefangen bei der Kokossuppe nach Antillen-Art bis zu den Crevettes Royales im Sesammantel.

MAKASSAR

Isarvorstadt | www.makassar.de | Mo–Sa 18–1 Uhr | Dreimühlenstr. 25 | Tel. 089 77 69 59

SIRTAKI-SORBAS

Die Griechen sind ein geselliges Völkchen. Wer's selbst noch nicht erfahren hat, schaut am besten mal in der Taverne Kyprios vorbei. Seit über 30 Jahren herrscht hier großes Hallo zum Empfang. Umso mehr noch am Wochenende, wenn der Wirt Dimi zur Livemusik das Tanzbein schwingt gibt. *Jamas!*

KYPRIOS

Thalkirchen | www.kyprios-muenchen.de | Di–So 17.30–1 Uhr | Emil-Geis-Str. 32 | Tel. 089 7 23 66 73

STIMMUNGSAUFHELLER

Pietro, lass dich drücken! Der immer herzliche und manchmal auch singende Gastgeber zelebriert Bella Italia gastronomisch von der angenehmsten Seite – also mit ganz viel Enthusiasmus, fein belegter Knusperpizza und seinem nach übertriebenem Nuscheln kurzerhand so getauften Aperitif *Cigetto* (Gin mit rotem Wermut und Crodino). Die gemütliche, kleine Bar am Wiener Platz ist ein wunderbarer Stimmungsaufheller zum Runterkommen nach etwaigen Unpässlichkeiten des Alltags.

LA CICCHETTERIA

Haidhausen | www.lacicchetteria.de | Mo–Sa 17–2 Uhr | Innere Wiener Str. 38 | Tel. 089 44 21 85 80

C'est bon

Sich wie Gott in Frankreich fühlen im Chez Fritz

BESTE AUSSICHTEN

Essen über den Wolken

DER TU AUFS DACH STEIGEN

Beste Aussichten auf die Stadt, nicht nur für Studenten der TU. Das Café gehört zwar zur Architektur-Fakultät, Besucher müssen aber keine Bauzeichnungen unterm Arm als Absolution mitbringen. Hätte uns auch schwer gewundert, wenn all diese Hipster, die der TU so gern aufs Dach steigen, Architektur studieren. Die Liegestühle sind höchst begehrt und die Schlange am Tresen kollidiert gerne mal mit den Aufzuggästen.

➔ CAFÉ VORHOELZER

Maxvorstadt | www.vf.ar.tum.de | tgl. 9–22 (Mai–Aug.), 9–21 Uhr (Sept./Okt., März/April), 9–18 Uhr (Nov.–Feb.) | Arcisstr. 21 | Tel. 0163 1 52 47 58

GANS NAH AM WASSER GEBAUT

Geniale Idee! Einen ausrangierten Bauwagen an den Mollsee im Westpark zu verpflanzen und daraus ein Café im Grünen mit Seeblick zu machen. Wirkt im Sommer fast wie ein Open-Air-Festival im Kleinen, wenn die jungen Leute sich mit einem Giesinger Bier ans Ufer oder in die halbe Badewanne setzen. Alternativ gibt's aber natürlich auch Kaffee und g'schmackigen Kuchen vom Hipster-Café Kubitscheck.

➔ CAFÉ GANS AM WASSER

Sendling-Westpark | www.gansamwasser.de | tgl. ab 10 Uhr | Mollsee im Westpark

AUF AUGENHÖHE MIT DEM GLOCKENSPIEL

Schade eigentlich, dass die Dachterrasse den Blick auf den Marienplatz nicht freigibt. Das geht nur im Restaurantbereich, aber eben ohne Frischluft-Bonus. Egal wo, der Blick aus dem fünften Stock ist auf jeden Fall bereichernd. Das gilt übrigens auch fürs Essen. Unbedingt mal die Linguine mit Garnelen und Bärlauch kosten – eine wunderbare Kombi, die lange im Gedächtnis bleiben wird. In Sachen Drinks ist der fein nach Pfirsich schmeckenden Sissis Frozen Bellini eine gute Wahl.

➔ CAFÉ GLOCKENSPIEL

Altstadt-Lehel | www.cafe-glockenspiel.de | Mo–Do 9–24, Fr/Sa 9–1, So 10–19 Uhr | Marienplatz 28 | Tel. 089 26 42 56

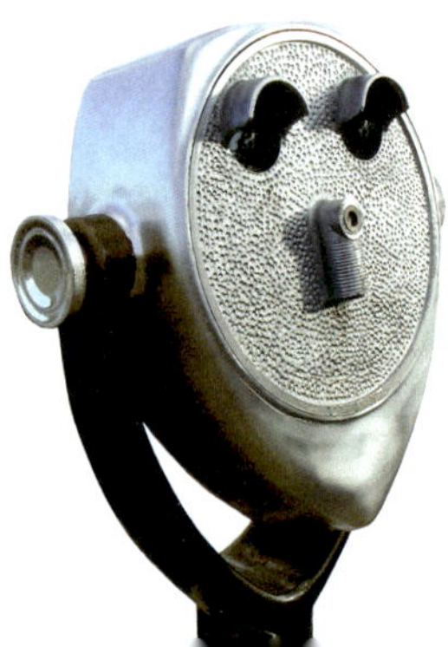

HÖHER GEHT'S NIMMER

181 Meter über der Stadt öffnen sich ganz neue Horizonte. Noch dazu, wenn man sich dreht – nicht um die eigene Achse, sondern um die des Olympiaturms. Fernsehkoch Otto Koch schwingt hier inzwischen zwar nicht mehr den Schneebesen, aber die neuen Küchenchefs setzen ebenfalls Highlights. Bei Sonnenschein besonders romantisch und mit 54 Euro auch erschwinglich ist INSIDER TIPP das dreigängige Sunset-Menü.

➔ 181

€€€ | Milbertshofen | www.restaurant181.com | tgl. 11–16.30 und ab 18 Uhr | Spiridon-Louis-Ring 7 | Tel. 089 350948181

HIMMLISCHE GAUMENFREUDEN

Kulinarisch auf Wolke Sieben und dabei dem Himmel ganz nah. Das funktioniert auf der China Moon Roof Terrace im Hotel Mandarin Oriental. Köstliche asiatische und arabische Gaumenkitzler, kombiniert mit einem atemberaubenden Rundumblick über die Stadt und auf den blau schimmernden Dachterrassen-Pool. Ach ja, das Ganze ist ein recht kostspieliges Vergnügen.

➔ CHINA MOON ROOF TERRACE

€€€ | Altstadt-Lehel | www.mandarinoriental.de/munich | tgl. 14–22 Uhr (Mai–Sept.) | Neuturmstr. 1 | Tel. 089 290981896

OBEN IN DER EICHEN-KRONE

Muss man wissen. Unten im ebenerdigen Restaurant Deutsche Eiche ist nicht sofort ersichtlich, dass es auf dem Dach noch ein lauschiges Refugium gibt. Darum wird's jetzt verraten. Bei schönem Wetter werden die 60 Quadratmeter mit Blick auf Frauenkirche und Alten Peter von 15 bis 22 Uhr bewirtet, vorwiegend mit gutbürgerlicher Küche. Die Dachterrasse kann man auch mieten.

➔ DEUTSCHE EICHE

Isarvorstadt | www.deutsche-eiche.de | tgl. 7–1 Uhr | Reichenbachstr. 13 | Tel. 089 2311660

VERY SPECIAL

Er ist schon ein Freak, der Flatz. Früher hat sich der Aktionskünstler in Teppiche einnähen und ›betreten‹ lassen. Inzwischen lässt er es ruhiger angehen, hat aber ein aufsehenerregendes Projekt auf dem Dach eines Bürohauses: ein Skulpturen-Garten, auf dem eine Zapfsäule, ein versteinerter Yoda und andere Objekte eine Heimat gefunden haben. Völlig verrückt! Vor lauter Staunen vergisst man da fast den Ausblick über die Stadt.

➔ HEAVEN 7 SKULPTURENGARTEN
Obersendling | heaven7.flatz.net | Führungen jeden ersten Montag im Monat um 18 Uhr | Kistlerhofstr. 70, Haus 60, 6. Stock | Anmeldung: heavenseven@atelierflatzet

FILM AB!

Wo steht eigentlich die Werkstatt von Meister Eder, in der Pumuckl sein Unwesen trieb? Oder interessiert es eher, an welchem Drehort es bei ›Schätzchen‹ Uschi Glas im Film zur Sache ging? Dann fragt man am besten Tourguide Sebastian Kuboth. Der hat viel Insiderwissen und garniert das Ganze mit amüsanten Anekdoten von Drehs, da wird die Stadt zum Filmset. Je nach Serien- und Filmvorlieben kann die Tour ganz individuell gestaltet werden. Preislich ist man mit 10 Euro pro Person und Stunde dabei.

➔ DREHORTE MÜNCHEN
www.drehorte-muenchen.de | Termine nach Vereinbarung | Tel. 089 33 03 53 48

So kann man München auch sehen!

Bitte wenden!

THIS SIDE UP!

MIT TANTE JU IN LUFTIGE HÖH'

Mit einer Flugzeug-Legende in die Lüfte steigen, das wär's doch?! Die erste Junkers JU-Maschine rollte in den 1930er-Jahren über die Start- und Landebahnen dieser Welt. Die Dachsels aus Baierbrunn reparieren nicht nur betagte Flugmotoren, sie bieten auch Rundflüge mit einer Junkers JU-52 an. Drei Optionen stehen zur Wahl: ein 40-minütiger Flug zum Starnberger See (295 Euro p.P.) und zurück, ein Stunden-Trip nach Garmisch und ins Tegernseer Tal (395 Euro) und eine 75-minütige Schlössertour (475 Euro), auf der man Neuschwanstein, Linderhof und Nymphenburg von oben betrachten kann.

➔ JU52-FLÜGE
www.ju-52.com | Termine Mai–Sept. | Tel. 081 57 90 02 79

GULLY-EXPEDITION

Warum nicht mal in die Münchner Unterwelt hinabsteigen? Mit den Experten der Stadtentwässerung geht's abwärts in ein verborgenes Labyrinth, allerdings nur zu besonderen Anlässen, zum Beispiel im Rahmen der ›Nacht der Umwelt‹ und der ›Langen Nacht der Münchner Museen‹. Im Untergrund können die Teilnehmer ein im Jahr 1902 erbautes Regenauslassbauwerk erkunden und bekommen eine Ahnung davon, wie der Arbeitsalltag eines Kanalarbeiters ausieht.

➔ KANALFÜHRUNGEN
www.muenchen.de/rathaus/Stadtverwaltung/baureferat/mse.html | Termine und Orte auf der Website | Tel. 089 23 39 62 11

EINMAL DEM STADION AUFS DACH STEIGEN

Oh, das ist hoch! Schwindelfrei sollte man besser sein. Wenn außerdem die Sonne scheint und die Sicht stimmt, macht die 120-minütige Zeltdachtour im Olympiastadion für 43 Euro besonders viel Spaß. Wer mag, kann sich zum krönenden Abschluss vom Dach abseilen (komplett 53 Euro) und so den Adrenalinkick noch erhöhen.

➔ OLYMPIADACH
Milbertshofen | www.olympiapark.de | Termine auf der Website | Spiridon-Louis-Ring 21 | Tel. 089 30 67 24 14

SONNEN-PLÄTZE

Essen und schön draußen sitzen

KÖNIGLICHER PLATZ

Klasse Terrasse, umgeben von Sir Norman Fosters Baukunst und den klassizistischen Propyläen am Königsplatz. Die Sonne erwärmt den Außenbereich des Restaurants Ella den ganzen Tag, schöner sitzen und schwitzen geht also kaum in München. Wer Kunst mit Kulinarik kreuzen möchte, kommt zum INSIDER TIPP Untitled Dinner jeden 1. und 3. Dienstag im Monat und genießt nach dem Gang durchs Lenbachhaus noch drei weitere Gänge.

➔ ELLA

Maxvorstadt | www.ella-lenbachhaus.com | Di–Sa 9–1, So 9–21 Uhr | Luisenstr. 33 | Tel. 089 70 08 81 77

STRANDTAG IN MÜNCHEN

Betrachtet man andere europäische Metropolen und die Vielzahl an Strandclubs, die es dort im Sommer gibt, ist München verglichen dazu ein total rückständiges Dorf. Peinlich ist auch die Jahr für Jahr wieder aufgeführte Posse, welcher Veranstalter das Areal am Vater-Rhein-Brunnen nutzen darf. Sobald das entschieden ist, heißt es nur noch: Flipflops an, Sonnenbrille auf und schnell her mit den spritzigen Drinks und den Bio-Burgern.

➔ KULTURSTRAND

Au | www.kulturstrand.org | tgl. Mai–Sept. | Vater-Rhein-Brunnen (Museumsinsel) | Tel. 089 51 81 87 40

RASTEN UND RÖSTEN WIE DIE PROFIS

Allein schon die Kulisse auf der Gebäuderückseite, der Alte Botanische Garten, bietet schöne Aussichten und Sonne satt auf den weiten Wiesen. Aber die Strahlen reichen zum Glück auch bis in den Biergarten des Park Café. Bei gutem Wetter strömen geschäftige Menschen aus ihren Büros, um sich hier mittags, aber auch nach Feierabend, bei einer frischen Maß zu entspannen. Dazu typische Biergarten-SchmankerIn oder im Restaurantbereich Steaks vom Lavastein, dann ist die Welt in Ordnung. Wer nicht nur rastet, der roastet vielleicht auch gern bei einem INSIDER TIPP Kurs der Grillakademie.

➔ PARK CAFÉ

Maxvorstadt | www.parkcafe089.de | Mo–Do 11–1, Fr 11–2, Sa 10–2, So 10–24 Uhr | Sophienstr. 7 | Tel. 089 51 61 79 80

Besser geht's nicht

Platz an der Sonne im Ella

Mhm ...
am Sebastiansplatz schmeckt's großartig, etwa im Baricentro

DIE PIAZZA RUFT

Wer kennt die gastronomische Perlenkette in München? Das ist der Sebastiansplatz zwischen Schrannenhalle und Stadtmuseum, hier reiht sich ein Lokal ans andere und alle haben sie Außenplätze. Scheint die Sonne, herrscht natürlich reger Andrang. Eine besonders sympathische und gleichzeitig recht preisgünstige Pausenstation ist das Baricentro. Wenn die Kaffeemaschine röchelt, fühlt man sich gleich wie im Italienurlaub. Zum Essen gibt's leckere klassische Kleinigkeiten wie Tramezzini, Panini, Salate und Pasta.

➔ BARICENTRO

Altstadt-Lehel | www.baricentro.de | Mo–Sa 9–22 Uhr | Sebastiansplatz 5 | Tel. 089 23 25 99 80

SONNENDECK DER MAXIMILIANSTRASSE

Welche Terrasse darf's heute sein? Nach vorne raus oder lieber unter Olivenbäumen mit Blick auf den Marstallplatz? Muntere Frühstücker, erschöpfte Shopper, hungrige Feierabend-Freunde und durstige Operngänger fühlen sich im oder vorm Brenner allesamt wie zu Hause. Die Auswahl ist riesig und reicht vom extrem reichhaltigen Sonntagsbrunch bis zu den Special-Cut-Steaks vom Buchenholzgrill. Auch die Barkeeper schütteln und rühren feine Drinks.

➔ BRENNER GRILL

Altstadt-Lehel | www.brennergrill.de | Mo–Do 8.30–1, Fr/Sa 8.30–2, So 9.30–1 Uhr | Maximilianstr. 15 | Tel. 089 4 52 28 80

EINMAL QUER DURCH DIE ALPEN

Ausgezeichnete alpine Küche, sympathisch lässiger Service, toller Außenbereich – drei Attribute, die das Savoy besonders hervorheben. In dem Restaurant mit dem burgtorartigen Eingang stehen schmackhafte Spezialitäten und Weine aus allen Alpenländern auf der Karte, von Slowenien im Osten bis Frankreich im Westen. Die Gams aus den Dolomiten trifft in der Küche also zum Beispiel auf die Marmorata-Forelle aus Slowenien. Der heimliche Star des Lokals ist im Sommer aber der lauschige Biergarten mit 120 Plätzen unter alten Kastanien.

➔ SAVOY

€€€ | Schwabing-West | www.savoyschwabing.de | tgl. 17–1 Uhr | Bismarckstr. 21 | Tel. 089 33 05 65 56

WINTER-HÖHLEN

Essen, wo andere den Kachelofen anheizen

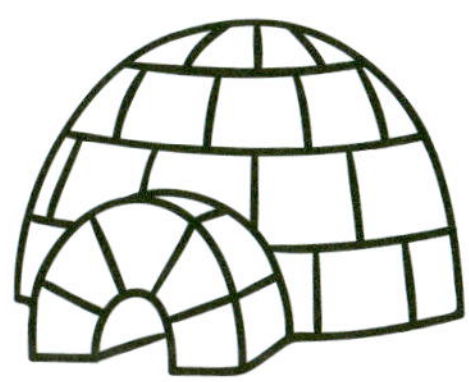

IM PLÜSCHSOFA VERSINKEN

Bars mit plüschiger Einrichtung sind in, vor allem im Winter. In der flauschigen Theresa Bar versinken die Gäste erst im Teppich, dann im Sofa und zuletzt versumpfen sie noch bis zum Zapfenstreich, weil die Cocktails so fantastisch schmecken. So gut: ›The Manja‹ auf Rum-Basis mit Pflaume, Vanille, weißer Schokolade und Tonkabohnen! Lieber noch etwas Grundlage davor? Kein Problem, die Küche zaubert vom Beef Tatar bis zum Perlhuhn lauter Feinheiten auf den Teller.

➔ THERESA BAR

Maxvorstadt | www.theresa-restaurant.com | Mo–Do 19–1, Fr/Sa 19–2 Uhr | Theresienstr. 31 | Tel. 089 28 80 75 38

SCHLEMMEN WIE EIN SCHWEIZER

Achtung, der Fonduetopf ist heiß! Das Schweizer Nationalessen wird in der Schwabinger Alm regelrecht zelebriert. Egal ob mit Fleisch oder Käse – auf alle Fälle wird Ihnen warm beim Essen, wenn die Flammen unterm Topf züngeln. Im Sommer stehen übrigens statt Fonduetöpfen heiße Steine auf den Tischen. INSIDER TIPP Im Nebenraum können Gruppen unter sich bleiben beim Käsefädenziehen.

➔ SCHWABINGER ALM

€€€ | Schwabing-West | www.schwabingeralm.de | Di–Do 18–24, Fr/Sa 18–2 Uhr | Wilhelmstr. 43 | Tel. 089 39 38 12

SÜDTIROLER STUBEN

Echt urig! So viele Geweihe an der holzvertäfelten Wand und immer ein Kissen griffbereit zum Hinkuscheln auf den Bänken. Das Interieur stammt größtenteils aus einer 400 Jahre alten Südtiroler Ratsstube und erinnert latent an den letzten Skiurlaub. Zum behaglichen Flair setzen die Betreiber mit veredelter bayerischer Küche noch einen drauf. Die Spezialitäten vom oberbayerischen Rind schmecken nicht nur, sie sind auch ökologisch korrekt.

➔ **ZUM ALTEN MARKT**

Altstadt-Lehel | www.zumaltenmarkt.de | Mo–Sa 11.30–24 Uhr | Dreifaltigkeitsplatz 3 | Tel. 089 29 99 95

ABTAUCHEN UND SCHLÜRFEN

Der Austernkeller ist eine wahre, urgemütliche Winterhöhle unter seiner Gewölbedecke und außerdem seit über vier Jahrzehnten eines der besten Restaurants für Krustentier- und Fischfreunde in München. Austern dürfen bei dem Namen natürlich nicht fehlen. Es müssen ja auch nicht gleich 24 Stück sein, denn dafür ist ein knapper Hunderter fällig. Die Meeresfrüchteplatte für 39,50 Euro ist eine gute Alternative.

➔ **AUSTERNKELLER**

€€€ | Altstadt-Lehel | www.die-auster-muc.de | Do–Di 17–1 Uhr | Stollbergstr. 11 | Tel. 089 29 87 87

FONDUE IM DUTZEND

Das Milchhäusl im Englischen Garten bekommt im Winter immer Zuwachs, ein zweites Häusl. In der Milchhüttn köcheln von November bis Januar regelmäßig die Fonduetöpfe, voll mit Bio-Fleisch und knackigem Gemüse. Maximal 15 Mitesser lassen sich reindrücken, Körperwärme und Heizstrahler wirken dabei möglichen Minusgraden zuverlässig entgegen. Große Gaudi garantiert!

➔ **MILCHHÄUSL**

Maxvorstadt | www.milchhaeusl.de | tgl. 10–22 Uhr | Königinstr. 6 | Tel. 089 45 24 84 30

WINTERTAG AM KAMIN

So sah also ein adeliger Landsitz im 17. Jahrhundert aus! Da hat Schlossherrin Birgit Netzle ein historisches Kleinod mit eigenem Kaminzimmer (!) gefunden und aus dem Dornröschenschlaf erweckt. Im überaus gemütlichen Asamschlössl ist aber kein Geschichtsunterricht, sondern Verwöhnenlassen angesagt. Bayerische Schmankerln rauschen im Minutentakt am Tisch vorbei. Für wenig Entscheidungsfreudige könnte der Kurfürstenteller die Erlösung sein: Bauernente und Schweinsbraten mit Knödel und Blaukraut in einem.

➔ **ASAMSCHLÖSSL**

Thalkirchen | www.asamschloessl.de | tgl. 11–24 Uhr | Maria-Einsiedel-Str. 45 | Tel. 089 7 23 63 73

IRGENDWIE SCHRÄG

Wer hat sich sowas bloß ausgedacht?

MIAU

Katzenhaarallergiker sollten einen großen Bogen um diesen Laden machen. Alle anderen dürfen sich über mehrere verschmuste Vierbeiner freuen, die zum Interieur gehören und gerne mal um die Besucherbeine streichen oder interessiert auf deren Teller schauen. Kein Käse und kein Schinken drauf, alles vegan. Da machen die Katzen schnell wieder die Biege. Dabei schmeckt der Bohnen-Chiasamen-Burger mit Kartoffelspalten zum Schnurren lecker!

➔ CAFÉ KATZENTEMPEL

Maxvorstadt | www.katzentempel.de | Mo–Fr 11–20, Sa 10–20, So 10–18 Uhr | Türkenstr. 29 | Tel. 089 20 06 12 49

Tierisch gut

Im Katzentempel huldigt man dem veganen Essen, jedenfalls die Zweibeiner

Tief im Süden

Stylische Einrichtung und Barbecue sorgen für Südstaaten-Feeling im Little Wolf

BBQ MIT DEM HÄUPTLING

Seit dem Rauchverbot sind Smoker in der Gastro ja verpönt, nicht jedoch die Art von Smoker, die als Barbecue-Grill in den USA gang und gäbe sind. Auch bei uns breitet sich diese außergewöhnliche Methode der Zubereitung immer mehr aus – zum Glück! Denn egal ob Pastrami, Ribs oder Brisket, das gesmokete Fleisch ist sehr saftig und zart und bekommt zugleich ein unverwechselbar rauchiges Aroma. Und dank der typischen abgetrennten Sitznischen fühlt man sich im Little Wolf auch wirklich so wie in den Südstaaten.

➔ LITTLE WOLF

Isarvorstadt | www.little-wolf.de | Mo–Sa 17–23 Uhr | Pestalozzistr. 9 | Tel. 089 85 63 61 52

DINNER IM US-SCHULBUS

Essen in einem rollenden Restaurant – das geht auch in einem umgebauten, alten US-amerikanischen Schulbus. Das Gefährt tuckert quer durch die Stadt, während sich Pärchen oder größere Gruppen ein italienisches, bayerisches oder amerikanisches 3-Gänge-Menü an Zweiertischen einverleiben. Wer noch einen draufsetzen möchte, bucht samstags die INSIDER TIPP Fahrt mit American Live Act oder das Magic Dinner mit einem professionellen Zauberer an Bord.

➔ DINNERHOPPING

€€€ | www.dinnerhopping.eu | Termine auf Anfrage

NIPPON-FEELING

Kann jemand japanische Schriftzeichen entziffern? Eng, quirlig, bunt und exotisch – mehr originales Nippon-Feeling als in der J-Bar geht in München kaum. Aber kein Problem, einfach die Szenerie aufsaugen und sich ansonsten dem Schicksal überlassen. Das Menü mit Vorspeise, Miso-Suppe, gegrilltem Fisch, Eintopf und Nachspeise für 20 Euro pro Person ist eine sichere Bank. Alternativ kann man sich INSIDER TIPP beim *Shabu-Shabu* zum Koch aufschwingen und das Fleisch selbst am Tisch zubereiten.

➔ J-BAR

Isarvorstadt | Di–Fr 12–14, Mo–Sa 18.30–23 Uhr | Maistr. 28 | Tel. 089 51 46 99 83

BRATWURST, BIER, BROT

Zwielichtigen Gesellen begegnet man in der Kneipe ja öfter, aber lauter Meister in einem Restaurant? Das hört sich interessant an. Das Meisterstück ist die große Bühne für Braumeister, Metzgermeister und Bäckermeister aus München und Umgebung. Vorwiegend Wurst, Brot und Bier in verschiedensten Varianten sind das Pfund, mit dem die Gäste im Biergarten oder im Restaurant von den lokalen Qualitäten überzeugt werden. INSIDER TIPP Unbedingt auch mal die Fleischspezialitäten aus dem Smoker kosten!

➔ DAS MEISTERSTÜCK

Pasing | www.dasmeisterstueck.de | Mo–Do 12–24, Fr 12–1, Sa 10–1, So 10–24 Uhr | Kaflerstr. 16 | Tel. 089 30 90 51 37
Haidhausen | Mo 16–22, Di–Sa 11–22 Uhr | Weißenburgerstr. 16 | Tel. 089 48 99 67 77

TAFELN WIE IM MITTELALTER

Ja, so waren's, die oiden Rittersleit … damals ging's bei Tisch noch anders zu. Gierige Herren, die einfach zugreifen, kommen in die Schandgeige und werden meist erst wieder befreit, wenn eine gnädige Frau ihnen ein Busserl gibt. Die sechs bis zehn Gänge werden mit Stilett und Fingern gegessen. Spätestens dann weiß auch jeder, warum das gereichte Leintuch gar so zeltartig ist.

➔ WELSER KUCHE

Altstadt-Lehel | www.welser-kuche.de | tgl. ab 19 Uhr | Residenzstr. 27 | Tel. 089 29 65 65

HAT STIL

In diesem Ambiente schmeckt's gleich besser

LEICHT WIE LIBELLENFLÜGEL

Ein baumstammartiger Empfangstisch, luftige Raumteiler und samtig schimmernde, bunte Sitzbezüge, das Asia-Restaurant ist eine wahrlich einladende Designperle. Geschmackvoll ist auch alles, was auf den Teller kommt. Bleibende Erinnerungen am Gaumen hinterlassen stets die variantenreich gefüllten Dumplings und die marinierten Spare-Ribs mit Zitronengras.

➔ COCHINCHINA

€€€ | Schwabing-West | www.cochinchina.de | tgl. 11.30–14.30 und 18–24 Uhr | Kaiserstr. 28 | Tel. 089 38 98 95 77

URBANES INDUSTRIAL DESIGN

Überraschung! In den eher gesichtslosen Neubauten am Schwabinger Tor hätte man so ein schickes Lokal gar nicht erwartet. Besonders gefallen die rot bezogenen Sitznischen im Kupferkessel-Look. Die Stimmung ist ganz ungezwungen, mal testet man sich durch die Gin-Tonic-Palette, dann fällt die Entscheidung fürs Vorspeisen-Sharing und beim nächsten Besuch siegt die Fleischeslust in Form eines Steaks.

➔ LA BOHÈME

€€€ | Schwabing-Freimann | www.boheme-schwabing.de | So, Di–Fr 11.30–14.30, 18–24, Sa 18–24 Uhr | Leopoldstr. 180 | Tel. 089 23 76 23 23

IN DER HÖHLE DES DRACHEN

Wer's gern schummrig und gemütlich mag, ist im Bar-Restaurant The Hutong Club an der richtigen Adresse. Besonders höhlenartig ist der mit dunklem Holz vertäfelte Gastraum mit den türkisfarbenen Tischen und dem rot leuchtenden Drachen an der Wand. Serviert werden die köstlichen Speisen auf handgefertigem, buntem Geschirr aus einer chinesischen Manufaktur. Unsere Tipps: die luftigen Dumplings, der Bang-Bang-Chicken-Salat, die Ribs vom Kalb und zum krönenden Abschluss der halbflüssige Schoko-Ingwer-Kuchen mit Sesameis. Ein toller Begleiter ist der Thai Pirinha mit Bourbon, Ingwer-Zitronengras-Likör und Ginger Beer.

➔ THE HUTONG CLUB

Schwabing-West | www.thehutongclub.de | tgl. 18–1 Uhr | Franz-Joseph-Str. 28 | Tel. 089 38 38 03 43

RAUER FRANZÖSISCHER CHARME

Vive la France! Der Berliner Sternekoch Tim Raue hat auch in München einen Genießertempel, die Brasserie Colette. Die Gäste sitzen auf Lederbänken, Bistrostühlen oder auf Holzsitzen, die früher in französischen Zügen montiert waren. Im TGV-Eiltempo umsorgt einen auch der Service und kredenzt klassische Bistroküche wie Entenleberterrine oder Boeuf Bourgignon.

➔ BRASSERIE COLETTE

€€€ | Isarvorstadt | www.brasseriecolette.de | tgl. 18–23 Uhr | Klenzestr. 72 | Tel. 089 23 00 25 55

Hotspot
Was die Küche im Kraftwerk verlässt, ist frisch und lecker

WARME KÜCHE IM HEIZKRAFTWERK

Abendessen im Einrichtungshaus, auf die Idee muss man erst mal kommen. Der Kare-Store im ehemaligen Heizkraftwerk lockt ganz oben mit einem kleinen Restaurant samt offener Küche, die regionale Leckereien bietet. An sonnigen Tagen sollte man seine Mittagspause auf die Dachterrasse verlegen, der INSIDERTIPP traumhafte Alpenblick lohnt sich.

➔ DIE KÜCHE IM KRAFTWERK

Obersendling | blog.kare.de/diekuecheimkraftwerk | Mo–Sa 10–22, So 10–18 Uhr | Drygalski-Allee 25 | Tel. 089 45 21 28 99

KUPFERVORKOMMEN AN DER UNI

Der Name Kopper deutet ja schon dezent auf die kupferne Theke hin. Die Bar ist aber auch ein edelmetallener, von langarmigen Lampen schummrig beleuchteter Hingucker, an dem man gerne Platz nimmt. Oder doch lieber an einen der Stehtische vor der Graffiti-Wand setzen, an denen sich junge Studentenpärchen (die LMU ist nah) und kleinere Grüppchen Leckereien mit Latino- oder Asia-Einflüssen schmecken lassen? Unabhängig von der persönlichen Positionierung ist ein feiner Cocktail von der vierteljährlich wechselnden Favoriten-Liste auf jeden Fall eine sehr gute Wahl.

➔ KOPPER

Maxvorstadt | www.kopper-bar.de | Mo–Do 18–1, Fr/Sa 18–3 Uhr | Theresienstr. 1 | Tel. 089 27 37 33 80

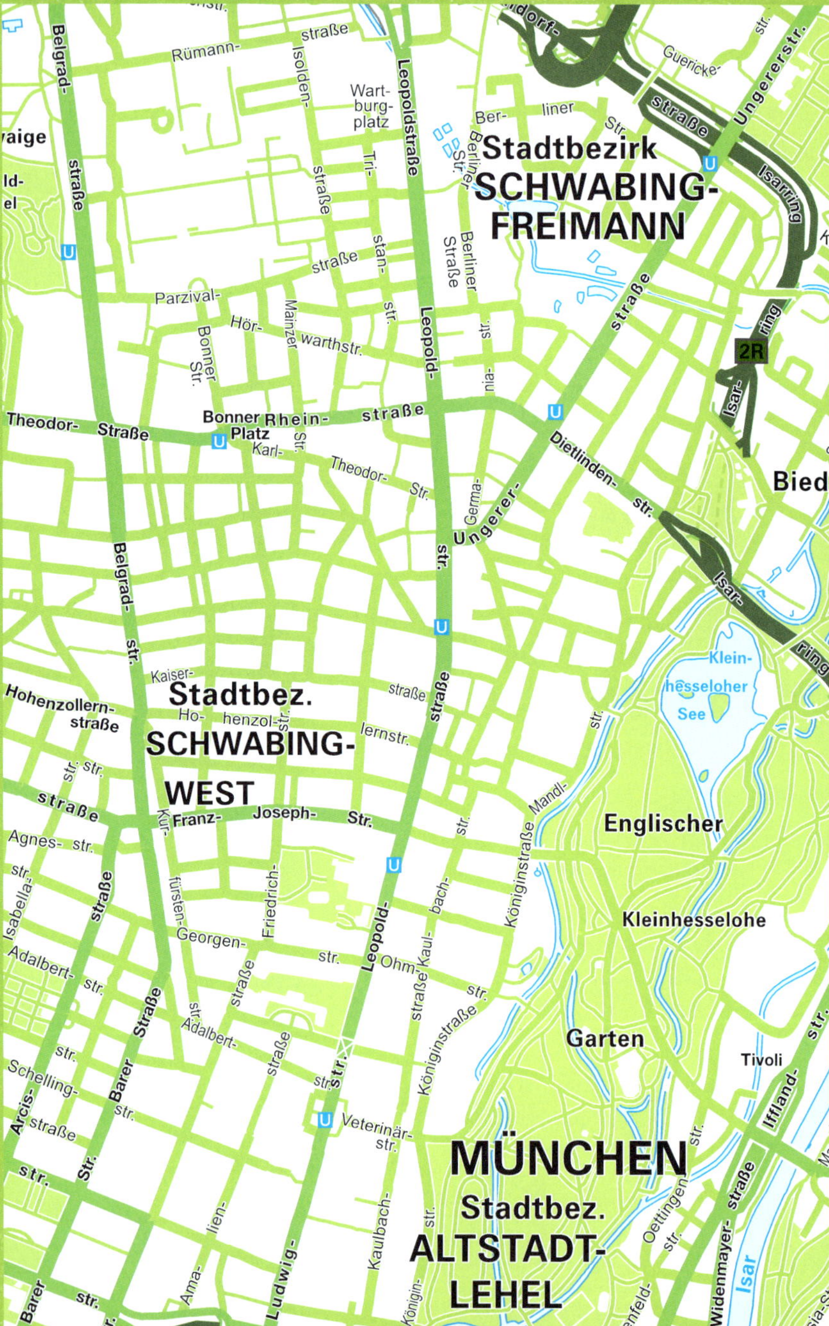

Stadtbezirk
SCHWABING-
FREIMANN
Stadtbez.
SCHWABING-
WEST
MÜNCHEN
Stadtbez.
ALTSTADT-
LEHEL
Englischer
Garten
Kleinhesselohe
Klein-
hesseloher
See
Tivoli
Isar
Rümann-
straße
Isolden-
straße
Wart-
burg-
platz
Leopoldstraße
Leopold-
str.
Belgrad-
straße
Ungererstr.
Guericke-
straße
Isarring
2R
Ber-
liner
Str.
Berliner
Str.
Berliner
Straße
Parzival-
straße
Hör-
warthstr.
Bonner
Str.
Mainzer
str.
Tri-
stan-
str.
Germa-
nia-
str.
Theodor-
Straße
Bonner
Platz
Rhein-
straße
Karl-
Theodor-
Str.
Dietlinden-
str.
Ungerer-
straße
Bied
Isar-
ring
Belgrad-
str.
Kaiser-
straße
Hohenzollern-
straße
Ho-
henzol-
lernstr.
Mandl-
str.
Franz-
Joseph-
Str.
Kur-
fürsten-
str.
Agnes-
str.
Isabella-
str.
Friedrich-
straße
Königinstraße
Georgen-
str.
Ohm-
str.
Kaul-
bach-
straße
Leopold-
str.
Adalbert-
str.
Barer
Straße
Schelling-
str.
Arcis-
straße
Veterinär-
str.
Königinstraße
Kaulbach-
str.
Ama-
lien-
str.
Ludwig-
str.
Königin-
str.
Oettingen-
str.
Widenmayer-
straße
Iffland-
str.

DIE JAHRESZEITEN IM STADTVIERTEL-CHECK

Altstadt-Lehel

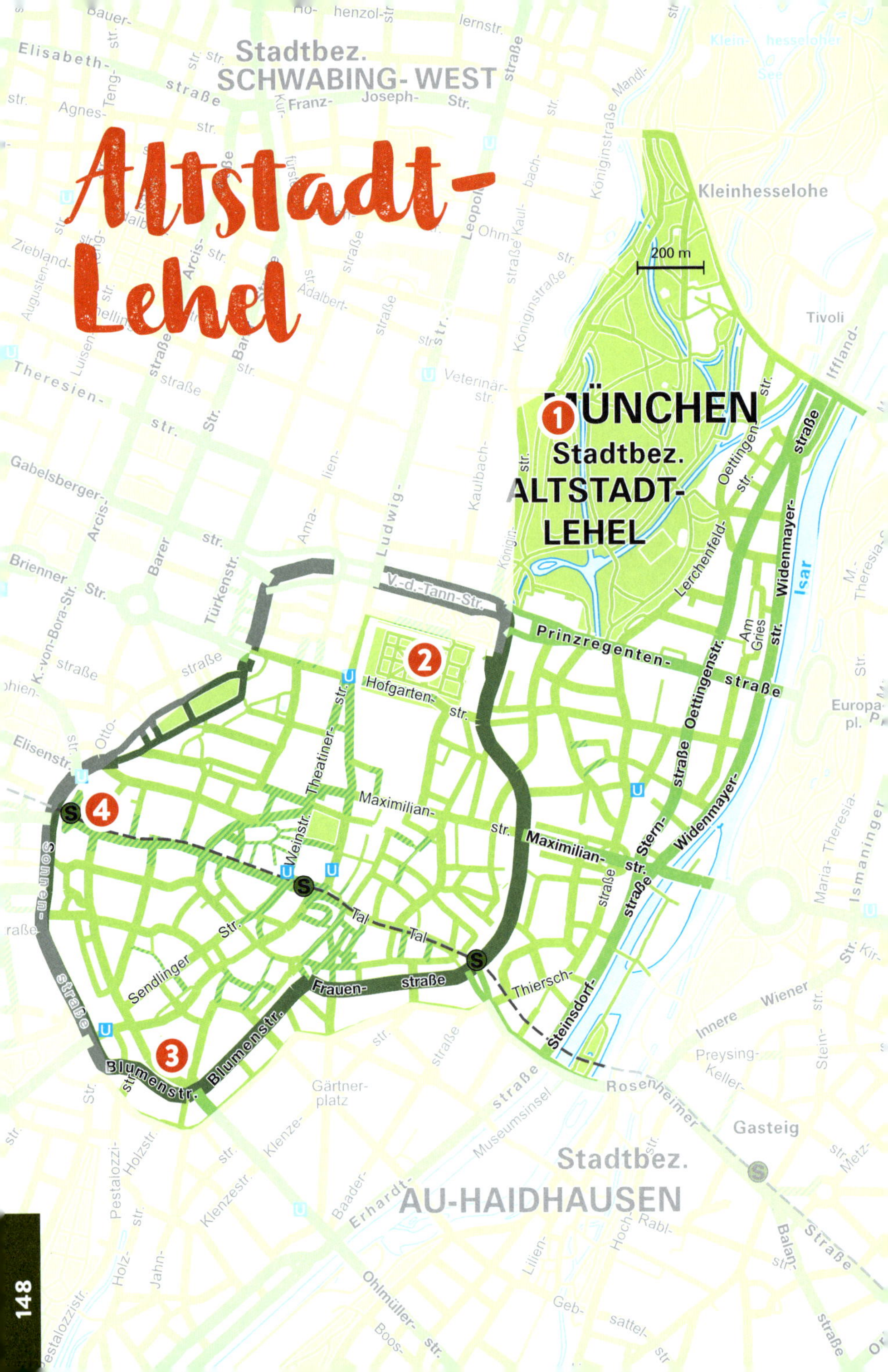

1 Frühling

SONNENDIEBE, AUFGEPASST!

Jenseits der Gestade des Schwabinger Bachs warten sie zu Massen auf sonnenhungrige Münchner und Touris, ob nackert oder angezogen, die die erste Frühlingssonne ins Freie treibt. Das Gras ist noch feucht und kalt, kein Wunder also, dass die Liegestühle der Sonnendiebe reißenden Absatz finden. So lässt sich das Schauspiel ›Englischer Garten‹ bestens erleben.

➔ MÜNCHNER SONNENDIEBE

Altstadt-Lehel | März–Dez. tgl. ab Mittag | 1 Euro/30 Min. | Englischer Garten, Brücke Schwabinger Bach

2 Sommer

BOULE IT, BABY!

Klick-Klack, Klick-Klack, von morgens bis tief in die Sommernächte – mit den richtigen Temperaturen kehren auch die Boule-Fans zurück in den Hofgarten. Seit Jahren ist hier das Silberkugel-Eldorado. Höhepunkt: das alljährliche internationale Turnier Mitte Juli. Mitmachen kann jeder!

➔ 1. MÜNCHNER KUGELWURFUNION

Altstadt-Lehel | www.mkwu.de | Hofgarten

3 Herbst

TATÜ-TATA, DIE FEUERWEHR IST DA

Während die Jungs mit ihren roten Spritzenwägen fast täglich im Einsatz sind, öffnet das äußerst sehenswertes Museum in der Wache der Berufsfeuerwehr einmal die Woche. An tristen Herbstsamstagen das ideale Ausflugsziel für die ganze Familie.

➔ FEUERWEHRMUSEUM

Altstadt-Lehel | www.muenchen.de Suchbegriff: Feuerwehrmuseum | Sa 9–16 Uhr | Eintritt frei | An der Hauptfeuerwache 8 | Tel. 089 2353313 33

4 Winter

SEID GEGRÜSST, EISPRINZESSIN

Winterzeit, Schlittschuhspaß. Da – schon wieder ein Flitzer am Stachus und noch einer. Wenn der Münchner Eiszauber rund ums Karlstor alles in eine riesige Glitzerwelt verwandelt, flitzen Groß und Klein zu flottem Diskosound übers Eis.

➔ MÜNCHNER EISZAUBER

Altstadt-Lehel | www.muenchner eiszauber.de | Mitte Nov.–Mitte Jan. | ab 4,50 Euro | Stachus

Au-Haidhausen

1 Frühling

UNGESTÖRT ENERGIETANKEN

Nach einem langen Winter wecken Sonnenstrahlen die Lebensgeister. In den nie überlaufenen Maximiliansanlagen an der Isar funktioniert das entspannte Lichtbaden im Frühjahr perfekt, wahlweise direkt auf dem frischen Grün oder auf der Parkbank.

➔ ENGLISCHER GARTEN

Haidhausen | Zwischen Bayerischem Landtag und Friedensengel

2 Sommer

URLAUB IN DER CITY

Das Reisebudget für dieses Jahr ist schon ausgeschöpft? Auch daheim lockt kühle Erfrischung an heißen Sommertagen. Auf rasante Wasserratten wartet im Prinzregentenbad nicht nur eine 50-m-Wasserrutsche, sondern auch ein Sprungturm, den selbst nicht ganz so Wagemutige erklimmen können. Geht ja nur drei Meter in die Tiefe.

➔ PRINZREGENTENBAD

Haidhausen | www.swm.de | Prinzregentenstr. 80 | Mai–Sept. Mo/Mi ab 10, Di/Do ab 7, Fr–So ab 9 Uhr

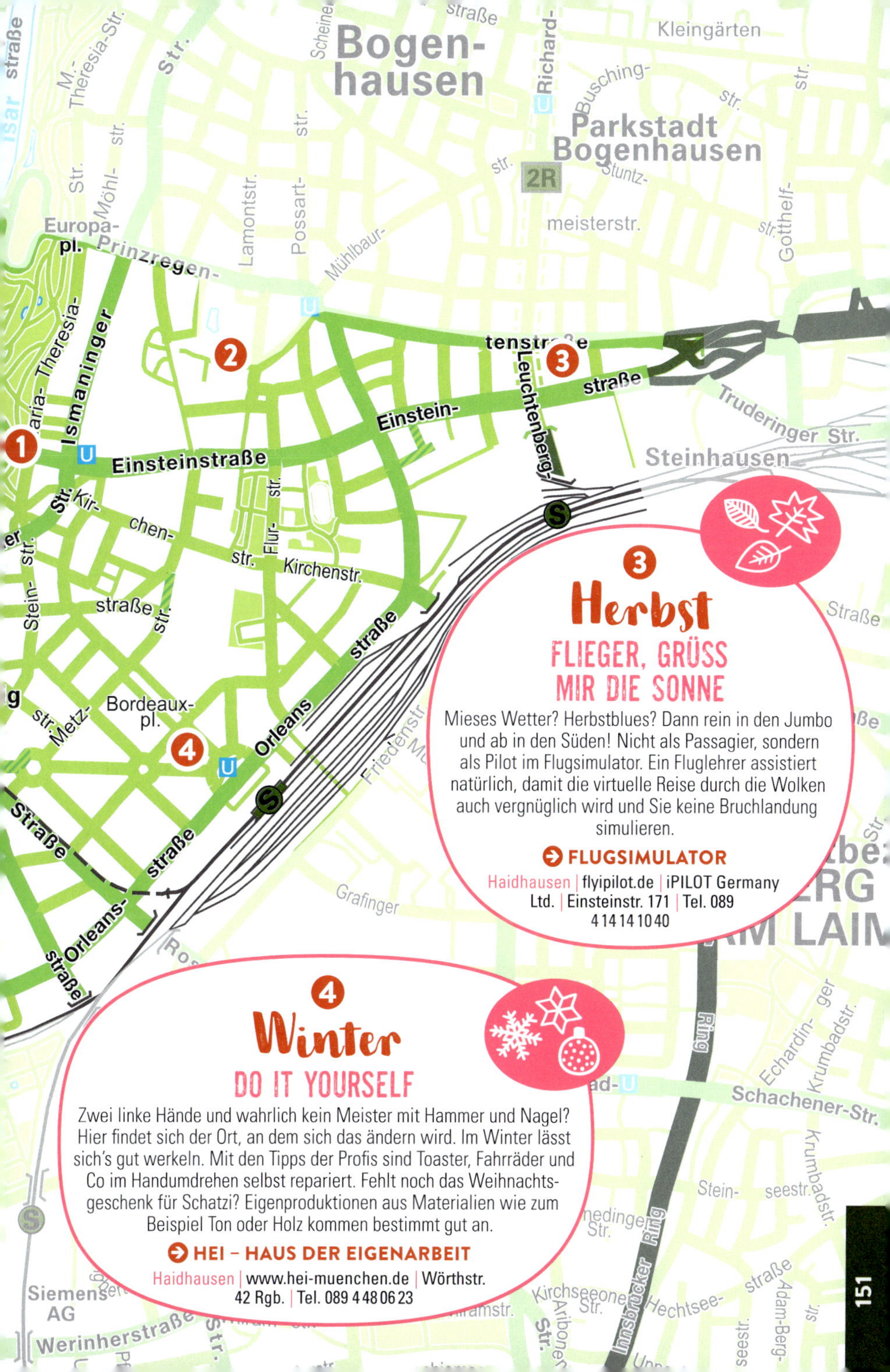

3

Herbst

FLIEGER, GRÜSS MIR DIE SONNE

Mieses Wetter? Herbstblues? Dann rein in den Jumbo und ab in den Süden! Nicht als Passagier, sondern als Pilot im Flugsimulator. Ein Fluglehrer assistiert natürlich, damit die virtuelle Reise durch die Wolken auch vergnüglich wird und Sie keine Bruchlandung simulieren.

➔ FLUGSIMULATOR

Haidhausen | flyipilot.de | iPILOT Germany Ltd. | Einsteinstr. 171 | Tel. 089 4 14 14 10 40

4

Winter

DO IT YOURSELF

Zwei linke Hände und wahrlich kein Meister mit Hammer und Nagel? Hier findet sich der Ort, an dem sich das ändern wird. Im Winter lässt sich's gut werkeln. Mit den Tipps der Profis sind Toaster, Fahrräder und Co im Handumdrehen selbst repariert. Fehlt noch das Weihnachtsgeschenk für Schatzi? Eigenproduktionen aus Materialien wie zum Beispiel Ton oder Holz kommen bestimmt gut an.

➔ HEI – HAUS DER EIGENARBEIT

Haidhausen | www.hei-muenchen.de | Wörthstr. 42 Rgb. | Tel. 089 4 48 06 23

Ludwigs- & Isarvorstadt

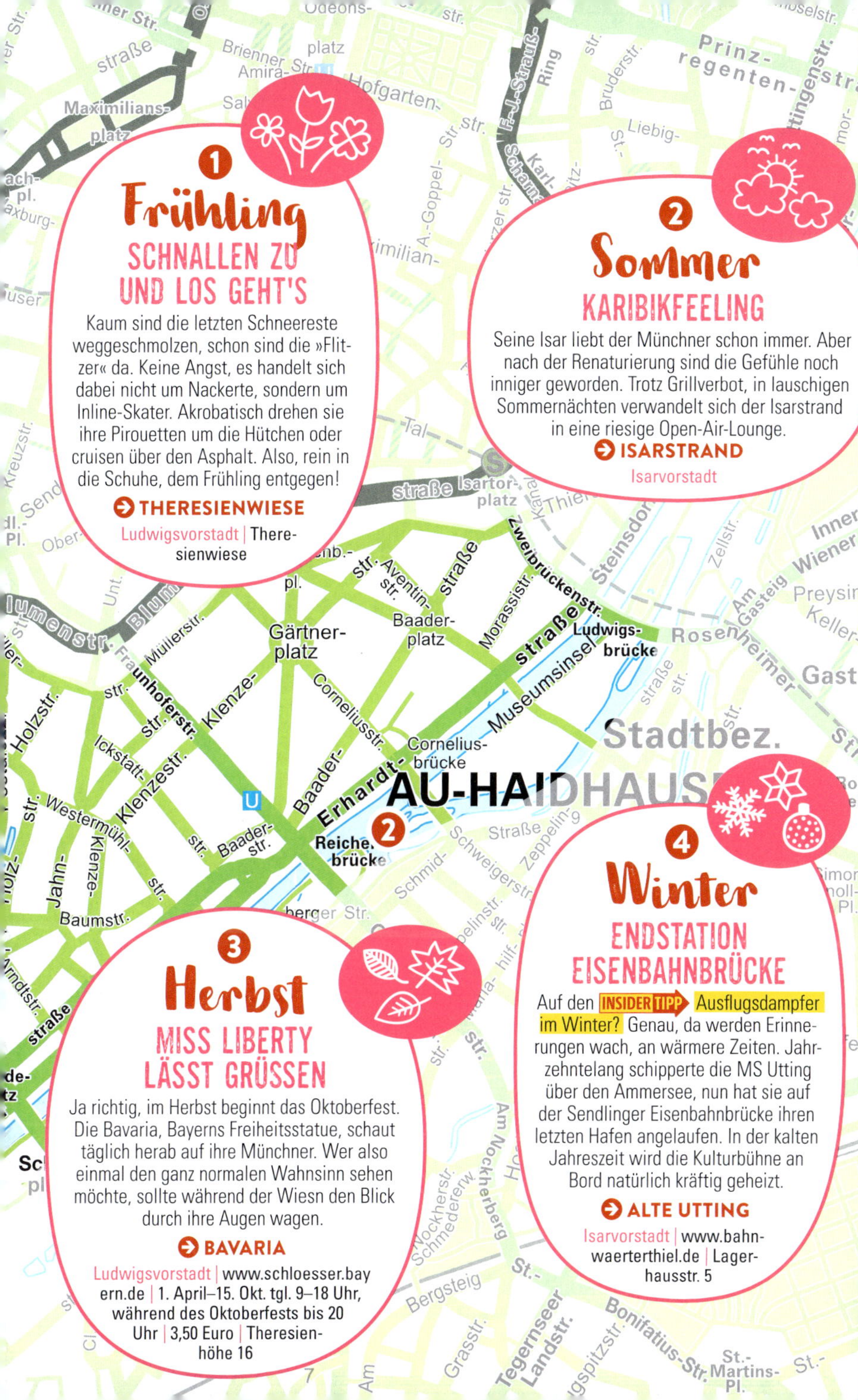

1 Frühling

SCHNALLEN ZU UND LOS GEHT'S

Kaum sind die letzten Schneereste weggeschmolzen, schon sind die »Flitzer« da. Keine Angst, es handelt sich dabei nicht um Nackerte, sondern um Inline-Skater. Akrobatisch drehen sie ihre Pirouetten um die Hütchen oder cruisen über den Asphalt. Also, rein in die Schuhe, dem Frühling entgegen!

➔ THERESIENWIESE

Ludwigsvorstadt | Theresienwiese

2 Sommer

KARIBIKFEELING

Seine Isar liebt der Münchner schon immer. Aber nach der Renaturierung sind die Gefühle noch inniger geworden. Trotz Grillverbot, in lauschigen Sommernächten verwandelt sich der Isarstrand in eine riesige Open-Air-Lounge.

➔ ISARSTRAND

Isarvorstadt

3 Herbst

MISS LIBERTY LÄSST GRÜSSEN

Ja richtig, im Herbst beginnt das Oktoberfest. Die Bavaria, Bayerns Freiheitsstatue, schaut täglich herab auf ihre Münchner. Wer also einmal den ganz normalen Wahnsinn sehen möchte, sollte während der Wiesn den Blick durch ihre Augen wagen.

➔ BAVARIA

Ludwigsvorstadt | www.schloesser.bayern.de | 1. April–15. Okt. tgl. 9–18 Uhr, während des Oktoberfests bis 20 Uhr | 3,50 Euro | Theresienhöhe 16

4 Winter

ENDSTATION EISENBAHNBRÜCKE

Auf den INSIDERTIPP Ausflugsdampfer im Winter? Genau, da werden Erinnerungen wach, an wärmere Zeiten. Jahrzehntelang schipperte die MS Utting über den Ammersee, nun hat sie auf der Sendlinger Eisenbahnbrücke ihren letzten Hafen angelaufen. In der kalten Jahreszeit wird die Kulturbühne an Bord natürlich kräftig geheizt.

➔ ALTE UTTING

Isarvorstadt | www.bahnwaerterthiel.de | Lagerhausstr. 5

Maxvorstadt

1 Frühling

EIS ESSEN IM FREIEN

Der Mann mit dem Zylinder ist aus dem Winterschlaf erwacht. Also schnell ein Eis beim Verrückten Eismacher (Amalienstr. 77) holen, bevor einem die langen Schlangen langen und dann ums Uni-Gebäude herum an einen der beiden Brunnen setzen.

➔ UNI-BRUNNEN

Maxvorstadt | Geschwister-Scholl-Platz 1

2 Sommer

DRAMA ZWISCHEN MARMORBÜSTEN

In lauen Sommernächten nutzen bei Theatervorführungen immer wieder mal Schauspieler die antike Szenerie im Innenhof der Glyptothek am Königsplatz als Bühne. Dann kann man INSIDER TIPP auf den Stühlen des Museumscafés seinen Logenplatz einnehmen.

➔ THEATER IM INNENHOF DER GLYPTOTHEK

Maxvorstadt | theaterspieleglyptothek.de | Königsplatz 3 | Tel. 089 28 80 83 80

3

Herbst

KINOSESSEL FÜR ZWEI

Wenn's draußen wieder ungemütlich wird, lässt's sich hier gut kuscheln. Bei »Fast & Furious« könnte INSIDER TIPP der Loveseat eine Fehlbesetzung sein, aber bei Liebesfilmen sind die Zweiersessel im plüschigen roten Kinosaal des Neuen Rottmann garantiert die optimale Wahl.

➔ NEUES ROTTMANN

Maxvorstadt | www.neuesrottmann.de | Rottmannstr. 15 | Tel. 089 52 16 83

4

Winter

ARCHAEOPTERYX TRIFFT MAMMUT

Vor der Tür Ice Age? Dann ist das eine prima Gelegenheit, mal in die Urzeiten einzutauchen. In der wohltemperierten Bayerischen Staatssammlung für Paläontologie und Geologie geht das wunderbar. Aber nicht erschrecken, wenn plötzlich ein Mammut im Säulensaal auftaucht!

➔ BAYERISCHE STAATSSAMMLUNG FÜR PALÄONTOLOGIE UND GEOLOGIE

Maxvorstadt | www.palmuc.de | Richard-Wagner-Str. 10 | Tel. 089 21 80 66 30

Neuhausen-Nymphenburg

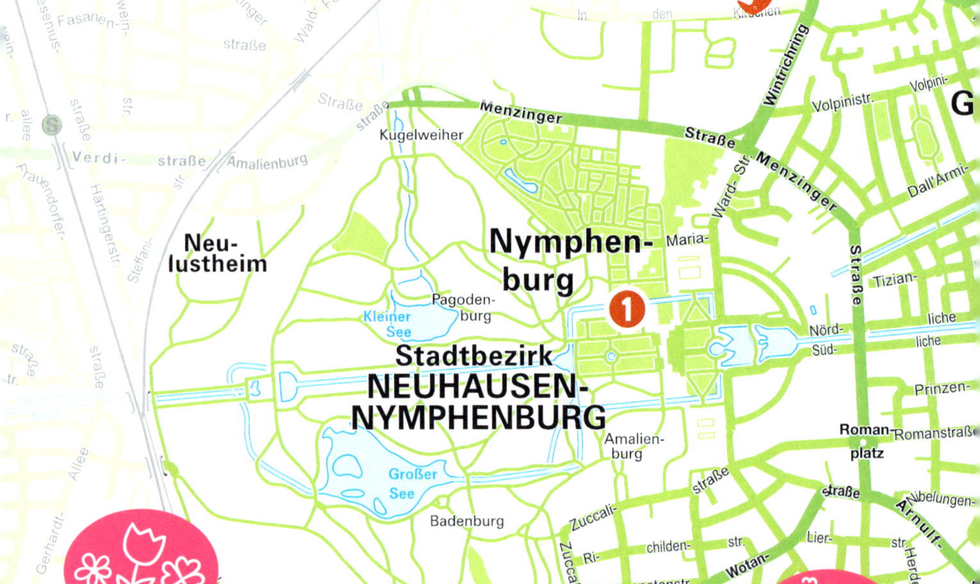

1 Frühling

O SOLE MIO

Im Nymphenburger Schlosspark erfreuen sich die Gondoliere großer Beliebtheit. Besonders im Frühling soll's reihenweise Heiratsanträge geben auf den verschlungenen Wasserstraßen. Ein wahrlich königliches Vergnügen. Geheiratet wird dann im Mai.

→ GONDELN NYMPHENBURG

Nymphenburg | www.gondel-nymphenburg.de | Schloss Nymphenburg 1 | Tel. 089 17 90 80

2 Sommer

KOMMT EIN EI GEFLOGEN

Wenn die Schwarz-Gelben ins Dantestadion einreiten, dann ist wieder Munich-Cowboys-Time. Die Meisterzeiten liegen schon etwas zurück, doch wer den Kampf um *touchdowns* und *field goals* beim American Football liebt, ist hier bestens aufgehoben. Denn bis zur NFL dauert's ja noch.

→ MUNICH COWBOYS

Neuhausen | www.munich-cowboys.de | Dantestr. 14 | Tel. 089 15 55 40

3

Herbst

ZEIT FÜR DRACHENBÄNDIGER

Wenn die Bäume ihre Blätter verlieren und es abends wieder frischer wird, beginnt im südlichen Teil des Olympiaparks die Drachensaison. In den unterschiedlichsten Farben und Formen sieht man sie durch die Lüfte sausen. Bei Flaute empfiehlt sich ein Sprint vom Berg, dann hebt der Drachen gleich ab.

➔ OLYMPIAPARK

Neuhausen | Sommer-Tollwood-Wiese

4

Winter

WENN DAS DER KÖNIG WÜSSTE ...

Stimmt die Dicke der Eisschicht, herrscht Hochbetrieb vor den Toren von Schloss Nymphenburg. Dann verwandelt sich die Kanallandschaft in ein einzigartiges INSIDER TIPP Winterwunderland für Kufenflitzer, Eisprinzessinnen, Eisstock-Könige und Puckjäger.

➔ NYMPHENBURGER SCHLOSSKANAL

Nymphenburg | www.eisstockbahnen.de

Schwabing-West & Schwabing-Freimann

1 Frühling

»PUMUCKL NECKT …

… Pumuckl versteckt, niemand was meckt« – aber ganz sicher »meckt« man was, vor allem die, die unverhofft mitten im Wasserstrahl stehen. Nahe beim Kinderspielplatz treibt dieser beliebte Kobold auf seinem Brunnen nämlich gerne seine Späße. Spritzt gar fleißig mit Wasser herum, so dass es bereits im Frühling, wenn die Sonne lacht, eine kleine Abkühlung gibt.

➔ **PUMUCKLBRUNNEN**
Schwabing-West | Luitpoldpark, Nähe Brunnen-/Burgunderstraße

2 Sommer

DIE RICHTIGE ERFRISCHUNG MACHT'S

Nicht unbedingt das bekannteste Freibad Münchens. Nichtsdestotrotz oder gerade deswegen lässt es sich im Freibad Georgenschwaige von Mai bis September der Sommerhitze bestens entkommen.

➔ **FREIBAD GEORGENSCHWAIGE**
Schwabing-West | www.swm.de | Belgradstr. 195 | Tel. 089 23 61 50 50

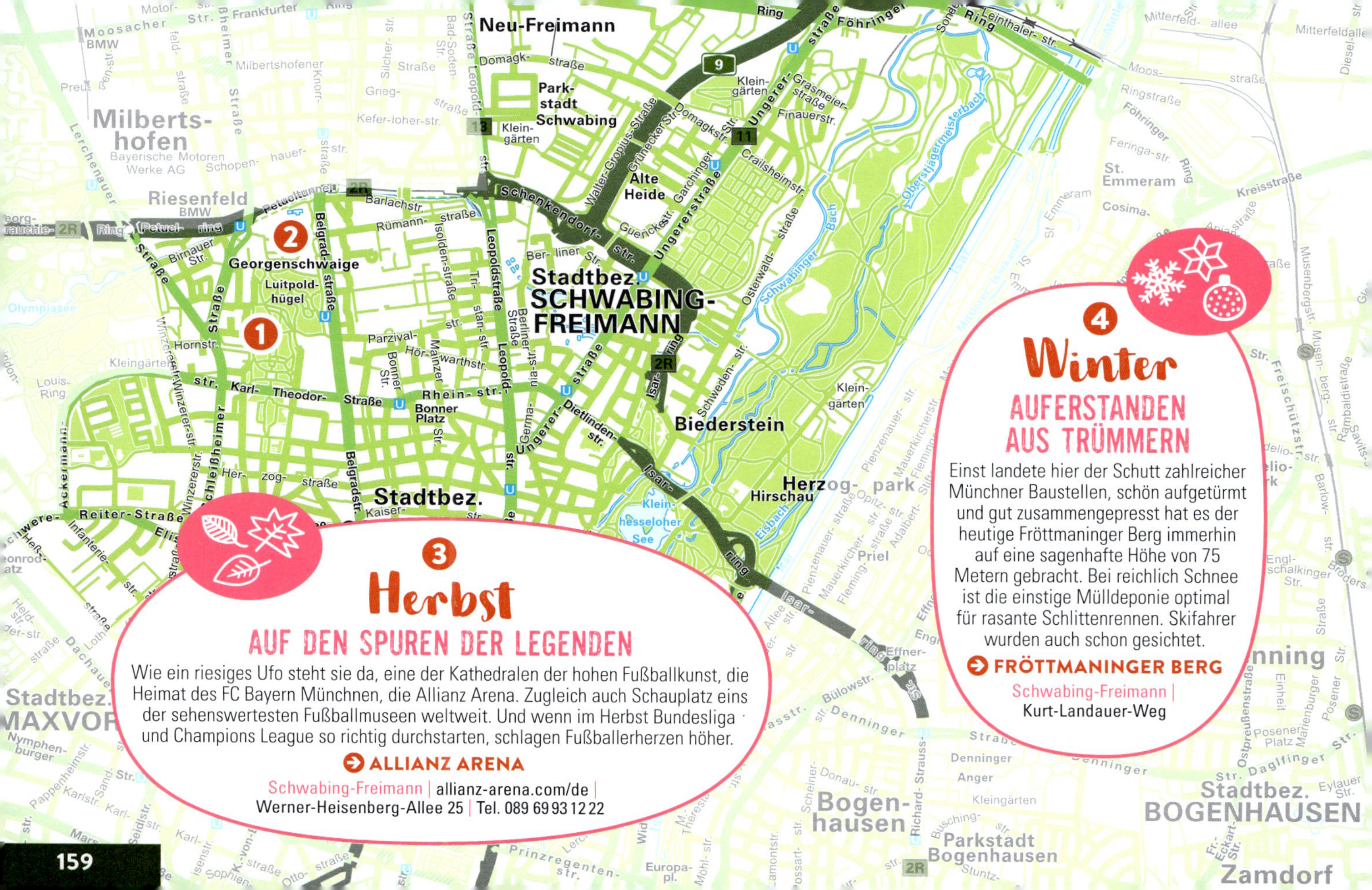

3 Herbst

AUF DEN SPUREN DER LEGENDEN

Wie ein riesiges Ufo steht sie da, eine der Kathedralen der hohen Fußballkunst, die Heimat des FC Bayern München, die Allianz Arena. Zugleich auch Schauplatz eins der sehenswertesten Fußballmuseen weltweit. Und wenn im Herbst Bundesliga und Champions League so richtig durchstarten, schlagen Fußballerherzen höher.

➔ ALLIANZ ARENA

Schwabing-Freimann | allianz-arena.com/de | Werner-Heisenberg-Allee 25 | Tel. 089 69 93 12 22

4 Winter

AUFERSTANDEN AUS TRÜMMERN

Einst landete hier der Schutt zahlreicher Münchner Baustellen, schön aufgetürmt und gut zusammengepresst hat es der heutige Fröttmaninger Berg immerhin auf eine sagenhafte Höhe von 75 Metern gebracht. Bei reichlich Schnee ist die einstige Mülldeponie optimal für rasante Schlittenrennen. Skifahrer wurden auch schon gesichtet.

➔ FRÖTTMANINGER BERG

Schwabing-Freimann | Kurt-Landauer-Weg

Schwanthaler-höhe

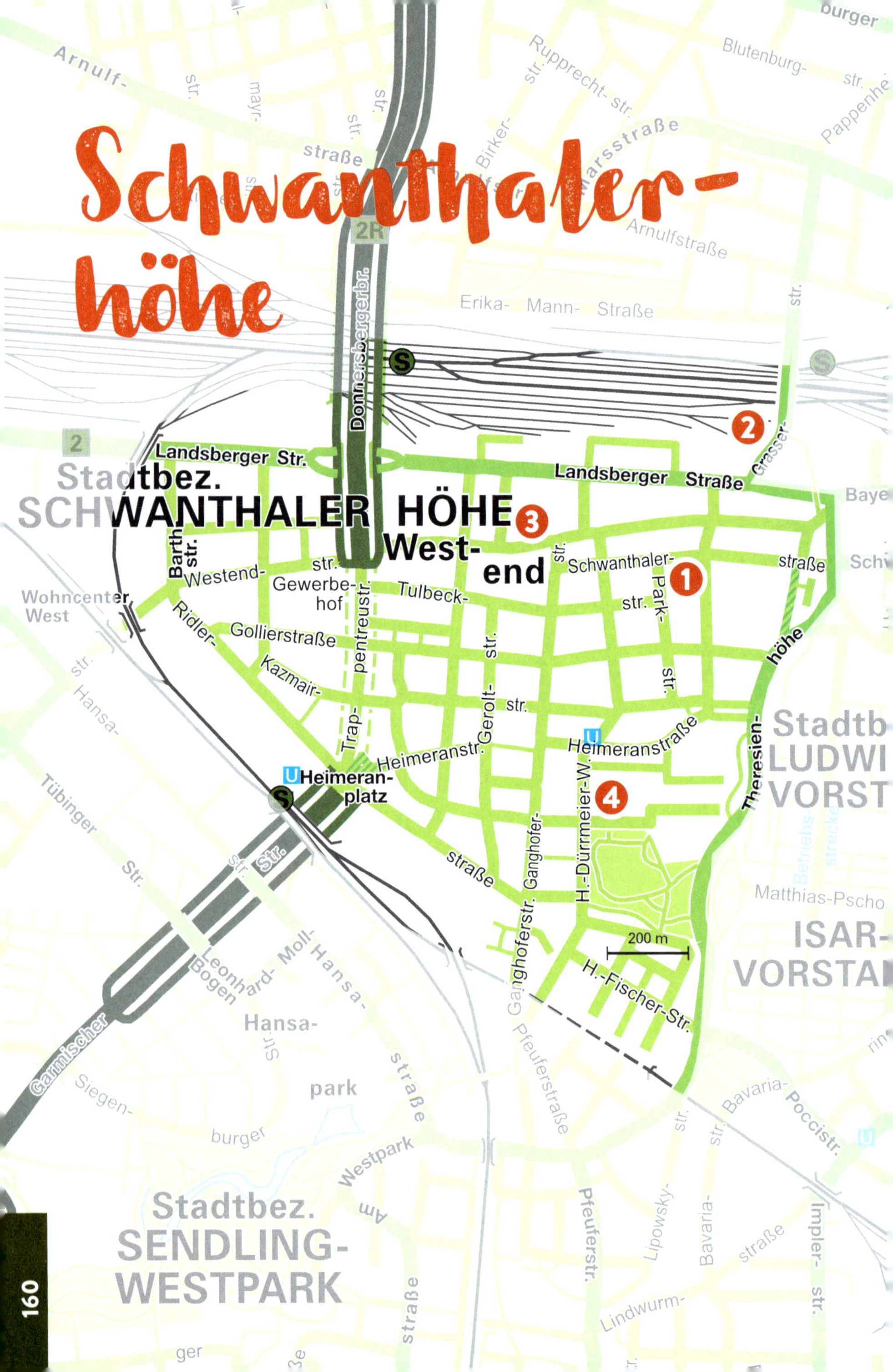

1 Frühling

FRISCHER WIND IM KLEIDERSCHRANK

Nichts Schickes zum Anziehen, wenn der Frühling kommt? Raus aus den dicken Daunen, jetzt wird geshoppt. Am Anfang der Parkstraße lässt sich in drei netten Läden was Passendes finden – und zwar in Herren- und Damenabteilung (Schwanthalerstr. 156), im Parke 6 (Parkstr. 6, www.parke6.de) und im Marais (Parkstr. 2, www.cafe-marais.de) für Schmuck und Accessoires.

➔ PARKSTRASSE

Schwanthalerhöhe | Parkstraße

2 Sommer

SONNENUNTERGANG AUF DER HACKERBRÜCKE

Man muss kein Boulder-Crack sein, um INSIDER TIPP auf die Verbindungsstege der schmiedeeisernen Hackerbrücke zu klettern, aber ein bisserl Geschick braucht's schon. Nach der Besteigung folgt die Belohnung: ein romantischer Ausblick auf den Sonnenuntergang im Westen.

➔ HACKERBRÜCKE

Schwanthalerhöhe | Hackerbrücke

3 Herbst

JAM-SESSIONS IM KULTURKELLER

Wer für Livemusik lebt, liebt den Kulturkeller und freut sich auf den Herbst, wenn die Clubs wieder so richtig loslegen. Jeden Donnerstag packen hier Musikfreaks bei der Westend Jam-Session ihre Instrumente aus und ölen die Stimmbänder. Einfach zuhören oder sich einen Ruck geben und selber mitmachen.

➔ KULTURKELLER

Schwanthalerhöhe | www.kulturkeller.com | Westendstr. 76 | Tel. 089 72 64 93 00

4 Winter

VIEL VERKEHR

Ziemlicher Kontrast: ein moderner ICE neben einer alten Dampflok. Aber in den drei Hallen des Verkehrszentrums gibt's nicht nur Gleisfahrzeuge zu bewundern, sondern auch Oldtimer, Busse und Formel-1-Flitzer. Grad im Winter bestens geeignet, um die kleinen Weihnachtswünsche mal in echt zu bestaunen.

➔ VERKEHRSZENTRUM/ DEUTSCHES MUSEUM

Schwanthalerhöhe | www.deutsches-museum.de/verkehrszentrum | Am Bavariapark 5 | Tel. 089 2 17 93 33

1 Frühling

LASS UNS PLANSCHEN GEHEN!

Es zwitschert und grünt, da fehlt nur noch der erste Frühlingsflirt … Wo lässt sich besser schäkern als im Freibad? Das Schyrenbad ist zwar Münchens ältestes Bad, aber seit der letzten Renovierung sind die Edelstahlbecken beheizt. So hat es ab Mai bei jedem Wetter geöffnet. Und die Rutsche ist breit genug, dass zwei nebeneinander draufpassen.

➔ SCHYRENBAD

Untergiesing | www.swm.de | Mai–Mitte Sept. tgl., Zeiten s. Website | 4,80 Euro | Claude-Lorrain-Str. 24 | Bäder-Hotline: 089 23 61 50 50

2 Sommer

ROSEN OHNE ENDE

Etwas versteckt in den Isarauen liegt eine wahre Picknick-Oase, der Rosengarten. In der Blütezeit – Juni und Juli – ist der Duft von Tausenden von Rosen geradezu betörend. Obstbäume bieten zudem reichlich Schatten für ein romantisches Picknick. Am besten mit dem Radl anreisen.

➔ ROSENGARTEN

Untergiesing | April–Sept. Mo–Fr 7–21, Sa/So/Fei 9–21, sonst Mo–Fr 7–18, Sa/So/Fei 9–18 Uhr | Eintritt frei | Sachsenstr. 2

Untergiesing-Harlaching

3

Herbst

WO DIE LÖWEN ZU HAUSE SIND

Dem Konkurs entronnen, die 3. Liga verpasst, nun also Regionalliga, der Neustart des legendären TSV 1860 München setzt hoffentlich ungeahnte Kräfte frei. Luxus war gestern, jetzt heißt es wieder ab ins Grünwalder Stadion. Ab Herbst wird's dort richtig frisch. Aber keine Angst, die Löwen sorgen immer für Stimmungs-Höchstwerte.

➔ STADION AN DER GRÜNWALDER STRASSE

Untergiesing | Grünwalder Str. 2–4

4

Winter

AB IN DIE FLEDERMAUSGROTTE

Europas ältester Geo-Zoo, angelegt nach den geografischen Gegebenheiten der Kontinente, bricht einen Besucherrekord nach dem anderen. Kein Wunder, dank neuer Bauten wie dem Elefantenhaus, der Polarwelt oder der Affenwelt. Da bietet sich ein sonniger Wintertag an, um durch die einzelnen Erlebnis-Kontinente zu reisen, und zwar mit mehr Ruhe.

➔ HELLABRUNN

Harlaching | www.hellabrunn.de | tgl. 9–17, April–Okt. bis 18 Uhr | 15 Euro | Tierparkstr. 30 | Tel. 089 62 50 80

Register

FSC
www.fsc.org
MIX
Paper from responsible sources
FSC® C015829

Impressum

15. Auflage 2019, Beste Stadt der Welt – München 2019 (Cityguides)

Gesamtredaktionelle Betreuung: derschönstesatz (Lucia Rojas)
Lektorat: Simone Nörling
Autoren: Amadeus Danesitz, Astrid Dobmeier, Alex Wulkow
Autoren/Mitarbeit bis 13. Auflage – München für Münchner (Cityguides): Amadeus Danesitz, Astrid Dobmeier, Alex Wulkow, Nina Becker-Göpner, Cathrina Keller, Nicole Wagenstetter
Fotograf: Reinhard Schmid
Kartografie Touren- und Stadtviertelkarten: © MAIRDUMONT, Ostfildern
Vermarktung: MAIRDUMONT MEDIA, media@mairdumont.com
Gestaltung Cover: Langenstein Communication GmbH, Ludwigsburg
Innengestaltung: Superherodesign, Stuttgart

Printed in Italy.

BILDNACHWEIS

A. Danesitz (168 o. re.); A. Dobmeier (168 Mi. re.); huber-images: R. Schmid (Klappe links, Klappe rechts oben, Klappe rechts Mitte, Klappe unten, 4, 7 o., 7 u., 8, 11, 12, 15, 17, 18, 23 o., 24 u., 28, 31, 33, 34, 37, 38, 41, 48, 51, 52, 56, 59 o., 60, 64, 66, 70, 73 u., 75, 78, 81 o., 84, 87, 88 u., 91, 95, 97, 98, 100, 103, 105, 108, 111, 115, 117, 118, 121, 122, 129, 131, 133, 137, 138, 141, 142, 145); mauritius images (112/113); mauritius images /TPP: Y. Shal (54); mauritius images: N. Frei (123), haag+kropp (134 re.), A. Killian (88 o.), Schöttger (74); mauritius images/age fotostock: vedrosn (106); mauritius images/Alamy: AKP photos (125), D. Barba (132), S. Burford (46), S. French (42), N. Kostenyukova (140), E. Lattes (19 u. li.), H. Sessions (24 o., 30), M. Tielemanns (92), W. Wiskerke (53), Zoonar (101, 110); mauritius images/artpartner (39, 73 o.); mauritius images/chromorange: B. Kägi (76); mauritius images/foodcollection (19 u. re., 35, 36, 44, 67, 102, 104); mauritius images/imagebroker: S. Belcher (23 u.), C. Brignell (82), M. Brunner (72), creativ studio heinemann (68), O. Maksymenko (134 li.), M. Redmann (62), M. Weber (26), A.-S. Wittwer (81 u.); mauritius images/imagebroker/foodcollection (14); mauritius images/imagesbroker: M. Hauser (10); mauritius images/photononstop: C. Abad (59 u.); mauritius images/pixtal (20); mauritius images/Westend61: S. Kranfeld (109); mauritius images/weststudios (65); R. Schmid (168 u.); A. Wulkow (168 o. li.)

SCHREIBEN SIE UNS!

LIEBE LESERIN, LIEBER LESER
Wir setzen alles daran, Ihnen möglichst aktuelle Informationen zu geben. Dennoch schleichen sich manchmal Fehler ein – trotz gründlicher Recherche unserer Autoren/-innen.
Sie haben sicherlich Verständnis, dass der Verlag dafür keine Haftung übernehmen kann.
Wir freuen uns aber, wenn Sie uns schreiben:

Marco Polo Redaktion
MAIRDUMONT
Postfach 31 51
73751 Ostfildern,
info@marcopolo.de

Autoren und Fotograf

AMADEUS DANESITZ

Tief im Münchner Süden erblickte er einst das Licht der Welt. Heute jettet er zwischen Viktualienmarkt, Isarvorstadt und Schwabing hin und her, mit einem gelegentlichen Abstecher in den Big Apple. Es ist die stete Herausforderung, seine Heimatstadt immer wieder aufs Neue zu entdecken, die ihn antreibt und die Feder übers Papier flitzen lässt. Er liebt es, Geschichten zu sammeln und zu erzählen.

ALEX WULKOW

Ist gebürtiger Münchner und hat wohl jeden Quadratkilometer der Stadt schon mit dem Fahrrad durchstreift. Er war jahrelang Redakteur beim Magazin »PRINZ München« und hat sich trotz zahlreicher Testessen als Gastro-Guru eine schlanke Statur erhalten. Momentan arbeitet er freiberuflich als Zeitungs-, Radio- und Online-Redakteur.

ASTRID DOBMEIER

Wurde in Harlaching geboren und hat schon in Neuhausen, Studentenstadt und Sendling gewohnt. Ihr Herz allerdings verlor sie einst in und an Haidhausen – dort, wo in idyllischen Herbergshäusern französisch gekocht wird. Das wahre Dolce Vita? Pulsiert für die Journalistin und Beraterin genau hier!

REINHARD SCHMID

Ist als Bub im Allgäu aufgewachsen und hat nach seinem Fotostudium einige Jahre Großstadtluft in Köln und München geschnuppert. Mittlerweile wohnt er am Alpenrand in Murnau am Staffelsee, freut sich zwischen seinen Fotoreisen aber immer wieder auf München mit seinem Mix aus Biergartenkultur und neuesten, spannenden *food trends*.